AUMENTE SEU PODER DE AÇÃO E DECISÃO

MANEIRAS DE SER MAIS ASSERTIVO E EFICIENTE

"Em qualquer momento de decisão, a melhor coisa a fazer é a coisa certa. A segunda melhor coisa a fazer é a coisa errada. E a pior é não fazer nada."

Theodore Roosevelt (1858-1919)

PENSAMENTO EFICAZ

AUMENTE SEU PODER DE AÇÃO E DECISÃO

MANEIRAS DE SER MAIS ASSERTIVO E EFICIENTE

DARREN BRIDGER E DAVID LEWIS

PUBLIFOLHA

Think Smart, Act Smart foi publicado originalmente no Reino Unido
e na Irlanda em 2008 pela Duncan Baird Publishers Ltd.,
Castle House, 6º andar, 75-76 Wells Street, Londres W1T 3QU

Coordenação do projeto: Publifolha
Editora-assistente: Paula Marconi de Lima
Coordenadora de produção gráfica: Soraia Pauli Scarpa
Produtora gráfica: Mariana Metidieri

Produção editorial: Estúdio Sabiá
Edição: Bruno Rodrigues
Tradução: Livia Chede Almendary
Preparação de texto: Hebe Ester Lucas
Revisão: Rosamaria G. Affonso e Ceci Meira
Editoração eletrônica: Pólen Editorial

Edição original: Duncan Baird Publishers
Editora-chefe: Caroline Ball
Editora: Katie John
Editora-assistente: Kirty Topiwala
Diretora de arte: Clare Thorpe
Ilustrações: Bonnie Dain (Lila Rogers Studio)

Dados Internacionais de Catalogação na Publicação (CIP)
(Câmara Brasileira do Livro, SP, Brasil)

Bridger, Darren
Aumente seu poder de ação e decisão : maneiras de ser mais assertivo e eficiente / Darren Bridger, David Lewis ; [tradução Livia Chede Almendary] – São Paulo : Publifolha, 2010 – (Série pensamento eficaz).

Título original: Think smart, act smart.
ISBN 978-85-7914-182-9

1. Autorrealização (Psicologia) 2. Conduta de vida 3. Pensamento 4. Tomada de decisão 5. Solução de problemas I. Lewis, David. II. Título.

10-03379 CDD-153.42

Índices para catálogo sistemático:
1. Pensamento : Autorrealização : Psicologia 153.42

A grafia deste livro segue as regras do Novo Acordo Ortográfico da Língua Portuguesa.

PUBLIFOLHA
Divisão de Publicações do Grupo Folha
Al. Barão de Limeira, 401, 6º andar
CEP 01202-900, São Paulo, SP
Tel.: (11) 3224-2186/2187/2197
www.publifolha.com.br

Este livro foi impresso em abril de 2010 pela Corprint Gráfica em papel offset 90 g/m².

SUMÁRIO

INTRODUÇÃO

Diariamente, analisamos situações, enfrentamos problemas, fazemos escolhas, tomamos decisões e agimos de acordo com elas. Este livro tem como objetivo ajudá-lo a fazer tudo isso melhor. Explicaremos como usar técnicas desenvolvidas por psicólogos, matemáticos, consultores de negócios, esportistas e até estrategistas militares. São exercícios que estimulam a inteligência e a autoavaliação, além de prover informações gerais sobre o funcionamento da mente e o entretenimento.

ENCARAR DESAFIOS

Certas situações exigem respostas imediatas – se deparamos com uma cobra venenosa, não gastamos muito tempo em analisar as alternativas! Porém, a maioria das situações é mais complexa e demanda várias habilidades de raciocínio. Até mesmo uma decisão cotidiana, como escolher um destino de férias, envolve um processo complicado: estimar riscos, avaliar opções, pensar na necessidade dos outros e em como nos sentiríamos em lugares diferentes.

Às vezes, algum aspecto da vida – trabalho, família e até mesmo o lazer – pode trazer problemas difíceis de enfrentar, e as estratégias usuais parecem não ser suficientes para lidar com a situação, que inclusive pode se apresentar como um dilema nunca vivido antes. Nessas circunstâncias, novas habilidades da mente precisam ser mobilizadas. Este livro pretende traçar um caminho em cada etapa desse desafio e proporcionar as condições para que o leitor tire sua própria conclusão a respeito de determinada situação vivida.

FOCAR A MENTE

Como ponto de partida, são necessárias várias habilidades mentais para analisar uma situação. Em primeiro lugar, é preciso ser capaz de focar – usar a mente como uma câmera que obtém a melhor visão do problema. Há momentos em que o foco tem de ser certeiro, afiado, enquanto em outros é mais adequado manter o foco aberto, o que proporciona um amplo campo de visão ou ajusta o pensamento para poder analisar mais profundamente o contexto do problema. Os dois primeiros capítulos mostram formas diferentes de construir pensamentos lógicos, criativos, e de enfrentar com sucesso uma ampla gama de situações.

TOMAR DECISÕES

Cada decisão traz oportunidades únicas, mas também custos. Para cada uma delas, haverá uma ou várias opções que serão descartadas. A preocupação em fazer a melhor escolha, ou a suspeita de que uma alternativa descartada poderia ter sido melhor, pode causar ansiedade e arrependimento.

Há dois caminhos para se tomar uma decisão: considerar exaustivamente cada possibilidade em busca da resposta perfeita ou buscar uma alternativa que seja suficientemente boa. Submeter-se à busca de uma situação ideal é também correr o risco de investir uma quantidade de energia e tempo desproporcional ao problema e, ainda assim, não atingir o objetivo almejado, quando na verdade o que se necessita é simplesmente uma solução viável.

Quanto mais elementos forem ponderados, mais habilidades serão necessárias para filtrar as opções e definir um caminho de ação, e mais fatores condicionais precisarão ser levados em conta – você fará X ou Y se acontecer isso ou aquilo, e assim por diante. Sem muita clareza sobre os passos a seguir num momento de decisão, esse processo pode se transformar num cenário emaranhado e confuso. Fazer escolhas e tomar decisões talvez seja um trabalho árduo, mas a alternativa muitas vezes é ainda pior. Como escreveu Bertrand Russell, "Nada é mais exaustivo – e fútil – que a indecisão".

PENSAR EM ORDEM

Tomar decisões de modo eficiente não é algo natural, mas pode ser aprendido e melhorado. Para começar, é preciso ter uma percepção clara dos fatos: se a identificação dos elementos envolvidos falhar, serão traçados caminhos tortuosos, não importa a qualidade do raciocínio utilizado. Somos equipados com uma variedade inata de reflexos, respostas emocionais e habilidades de raciocínio que em geral são úteis, mas podem induzir pensamentos errôneos. Aprender a reconhecer e evitar esses vícios ajuda a clarear a mente e aguçar a percepção.

Reconhecer se há um ou mais caminhos para o êxito, e até mesmo saber quando não se deve agir, são passos que fazem parte do processo de decisão e avaliação dos riscos. Além disso, é importante não deixar o estresse e a ansiedade sabotarem o raciocínio – aspecto fundamental que será tratado no capítulo 5.

Um samurai, tradicionalmente, deveria ser capaz de tomar qualquer decisão num espaço de sete respirações. Embora o objetivo deste livro não seja chegar a esse nível de clareza, ele pode ajudá-lo a descobrir os benefícios de um processo de decisão mais certeiro e confiante.

ACERTAR O TIMING

Algumas pessoas passam muito tempo ponderando situações sem tomar uma decisão, outras o fazem mais depressa, mas demoram a colocá-la em prática. Adiamento, falta de motivação e a "espera do momento certo" podem dificultar uma ação. Temer consequências – muitas atitudes razoáveis e válidas têm desvantagens –, mudanças ou a reação dos outros também podem ser paralisantes.

Para superar esses obstáculos e transformar uma decisão em atitude é preciso definir um objetivo claro, ter um bom plano de ação, gerenciar o tempo de maneira eficiente e romper com a inércia. Essas habilidades podem modificar a maneira de agir para que as metas estabelecidas sejam alcançadas de forma mais fácil e satisfatória.

AMPLIAR SEUS LIMITES

Seja para percorrê-lo do início ao fim, seja simplesmente para ler alguma seção de interesse, esperamos que este livro sirva como um guia iluminador e construtivo para a ferramenta mais valiosa que você tem: sua própria mente. Seu potencial e suas habilidades podem ir muito além do que você imagina. Aprenda a ampliar seus limites: você não vai se arrepender!

"Quer saber quem você é? Não pergunte. Faça!"

Thomas Jefferson (1743-1826)

CAPÍTULO 1

FOCO E CONCENTRAÇÃO

Enfrentar um processo de decisão ou tomar qualquer atitude exige algumas habilidades, como capacidade de foco e pensamento eficiente. No entanto, direcionar a concentração de forma obsessiva a algum tema específico nem sempre é a melhor opção. Este capítulo mostra como se beneficiar de uma mente mais dinâmica para responder a diferentes circunstâncias. Alguns exercícios o ajudarão a descobrir seu estilo de pensamento e contribuir para melhor ajustá-lo de acordo com situações analíticas ou criativas. Por fim, algumas considerações gerais sobre a realização de tarefas distintas simultaneamente facilitarão sua tarefa de definir prioridades.

FOCAR DE MANEIRA EFICIENTE

Solucionar problemas e tomar decisões e atitudes exigem certo nível de foco. Para lidar com todos os aspectos possíveis de um projeto ou plano, é preciso saber passar de um tipo de foco a outro – da imaginação construtiva à concentração intensa, por exemplo.

OS QUATRO NÍVEIS DE FOCO

A mente tem quatro níveis principais de foco, comparáveis às marchas de um carro. Esses níveis correspondem a padrões de funcionamento do cérebro, descritos na página ao lado. Passamos de um estágio a outro naturalmente, mas também é possível fazê-lo intencionalmente.

Desacelerar

Para chegar aos níveis 1 ou 2, procure um local tranquilo, feche os olhos e tente relaxar. Mantenha um ritmo de quatro respirações lentas e profundas por minuto. As medidas mais efetivas são tomar uma ducha, caminhar, sentar ou deitar. Ouvir música tranquila também ajuda a ir diretamente para o nível 1.

Acelerar

Para atingir os níveis 3 e 4, sente-se ereto e respire mais rápido – 16 ou 24 respirações por minuto – por um minuto. Um pouco de café ou bebidas à base de cola podem ajudar. Mas cuide para que o aumento do ritmo da mente não provoque ansiedade.

OS NÍVEIS DE FOCO

No último século, cientistas que investigam o cérebro identificaram quatro frequências elétricas principais estimuladas durante o ato de pensar. Quando pensamos, grandes grupos de células cerebrais emitem pulsos elétricos ritmados. Quanto mais acelerado o ritmo, mais poder de concentração tem o pensamento. Essas frequências podem ser vistas como as "marchas" da mente.

* * * * *

Nível 1: baixa frequência (estado teta). Ocorre em momentos de baixa atividade, como dormir ou divagar. O foco está em estado de completa latência.

* * *

Nível 2: média frequência (estado alfa). Estado de alerta relaxado, foco parcialmente latente, mas preparado para a ação.

* * *

Nível 3: alta frequência (estado beta). Concentração e capacidade intelectual em pleno estado de alerta.

* * *

Nível 4: altíssima frequência (estado beta elevado). Concentração intensa, facilmente transformada em ansiedade.

* * *

Os níveis 1 e 2 são ideais para pensamentos criativos e para ativar a intuição, porque permitem o acesso ao subconsciente e a combinação de ideias de diferentes regiões do cérebro. Os níveis 3 e 4 são as melhores opções para desenvolver raciocínios lógicos e focar a atenção de maneira específica.

MANTER A CONCENTRAÇÃO

Mais adiante, veremos como a "divagação direcionada" pode ajudar em processos de decisão. Contudo, ao analisar ou buscar solucionar de fato um problema, é necessário ser capaz de concentrar-se. Para conseguir manter o foco, três aspectos precisam estar sob controle:

CAPACIDADE DE DECIDIR

É necessário saber quando tomar uma decisão imediata e quando é melhor ponderar um pouco mais – é como selecionar entre a velocidade maior e a menor do obturador de uma câmera fotográfica. Se há muitas escolhas, evite tomar uma decisão impulsiva ou postergar. No item "Focar soluções" (ver p. 45), há sugestões de como encontrar um caminho em meio à confusão. Pergunte a você mesmo se o ideal é agir nesse momento ou esperar e considerar todas as alternativas. Se estiver pronto, acelere o ritmo até o nível 4 e siga em frente!

PERSISTÊNCIA

Resolver um problema não é um processo instantâneo. Alguns desafios exigem tempo para ser solucionados e seu foco deve ser mantido por um longo período. Reserve um momento a cada hora, dia ou semana – conforme a demanda – e mergulhe fundo na questão. Tente não dar voltas sobre o mesmo aspecto: cada "mergulho" deve resultar num passo adiante. Entre os "mergulhos", seu subconsciente vai trabalhar o tema e poderá notar qualquer nova informação pertinente.

DETERMINAÇÃO

Para manter alto o nível de concentração, especialmente em tarefas complexas, é preciso eliminar as distrações do entorno, de modo a poder focar a mente no que é preciso ser feito.

Coisas mínimas podem interromper o fluxo de pensamento e o foco. Uma música no rádio, por exemplo, pode ressoar na cabeça e suscitar ideias e memórias, que em seguida talvez tragam emoções, que por sua vez podem induzir a outros pensamentos e assim por diante.

Aprenda a notar quando os pensamentos estão se desviando, particularmente em uma direção negativa. Assim que perceber, diga a si mesmo: PARE! e leve o foco de volta à tarefa em curso. Essa técnica funciona porque é impossível pensar em duas ideias simultaneamente, e a palavra PARE interrompe o fluxo distraído do pensamento. Para um resultado mais efetivo, coloque um elástico de borracha em torno do pulso e estale-o levemente sobre a pele sempre que pensar PARE. Não se preocupe se não alcançar bons resultados imediatamente – isso pode levar algum tempo e exigir várias tentativas.

MAPEIE SEU RITMO DIÁRIO

Em geral, concentramo-nos melhor em determinados momentos do dia. Se ainda não descobriu qual é seu ritmo de concentração diário, tente o seguinte exercício: num caderno de notas, registre diariamente o estado de sua concentração em diferentes momentos do dia. Classifique cada momento entre 1 (grau zero de concentração) e 7 (grau máximo de concentração). Marque cada dia numa página diferente, assim você evita influenciar-se pelos resultados anteriores. Depois de fazer isso por uma semana, observe em quais momentos do dia você atingiu melhores níveis de foco.

SEU ESTILO DE FOCO

Ao encarar desafios ou problemas novos, a maior parte das pessoas tende a avaliar as informações disponíveis a partir de uma das duas principais tendências em processos decisórios, cada uma delas com vantagens e desvantagens. Descubra seu estilo escolhendo A ou B em relação às questões abaixo.

DESCUBRA SEU ESTILO DE FOCO

1 Ao escolher um novo produto eletrônico, baseio minha decisão principalmente em:

A resenhas críticas do produto e comparação de recursos;

B o que mais me agrada pela aparência e tato.

2 Ao decidir um destino de férias, eu sempre:

A faço pesquisas extensas e não tenho pressa para decidir;

B escolho na base do que mais me chama a atenção.

3 Ao decidir o curso de uma ação:

A planejo os passos que levam ao meu objetivo específico;

B tenho uma vaga ideia do meu objetivo, mas procuro a melhor maneira de chegar lá durante o caminho.

4 Sinto-me feliz quando:

A sei qual é o único e melhor caminho para atingir meu objetivo;

B abre-se diante de mim uma ampla gama de opções.

5 Ao buscar uma solução para um problema complexo:

A dou um passo de cada vez;

B mantenho uma visão global da questão.

6 Acredito firmemente que o que mais importa na vida é:

A alcançar metas claramente definidas;

B explorar todas as possibilidades.

7 Ao trabalhar para alcançar um objetivo, prefiro:

A seguir um plano detalhado;

B pensar de acordo com o curso das coisas.

8 Eu aprenderia a fazer algo mais rapidamente:

A estudando profundamente e dominando as regras;

B por tentativa e erro.

9 Se perco alguma coisa em casa, começo por:

A procurar metodicamente em todos os lugares onde poderia estar;

B dar uma olhada rápida nos lugares mais prováveis.

10 Ao resolver um problema, gasto mais tempo em:

A estudar todos os detalhes;

B procurar o maior número de soluções possíveis.

Conte o número de letras A e o número de letras B e veja na próxima página como interpretar o resultado do teste.

EXPLORADOR OU PILOTO?

Se você respondeu mais A do que B, seu estilo é o do explorador. Se optou por mais respostas com a letra B, seu foco é o do piloto. Empate ou equilíbrio entre respostas A e B mostram que você pode adaptar seu estilo de acordo com o problema a ser resolvido. O ideal é poder transitar pelos dois modos de encarar uma situação, o que proporcionaria ao pensamento flexibilidade, criatividade e capacidade de adaptação.

EXPLORADOR

As pessoas do estilo explorador abordam o problema metodicamente, reúnem informações e são inclinadas ao detalhe e ao passo a passo. Esse procedimento funciona melhor quando há fatores a ser investigados e tempo suficiente para fazê-lo com calma. É mais eficiente para questões técnicas e "problemas convergentes" (ver p. 40), com uma única solução ou poucas alternativas. A principal desvantagem dessa abordagem é que, muitas vezes, limita o campo de visão, quando poderia haver outras opções.

Use o estilo explorador para:

- coletar o maior número possível de dados;
- observar como outras pessoas resolveram problemas similares;
- registrar no papel todas as opções possíveis e listar os prós e os contras (ver capítulo 4);
- definir todos os passos até sua meta.

PILOTO

As pessoas do estilo piloto preferem ter uma visão mais ampla do problema. Buscam múltiplas alternativas e confiam na intuição, nos instintos e palpites (baseados em experiências anteriores). Essa abordagem funciona melhor para "problemas divergentes" (ver p. 40), que apresentam várias opções. Além de permitir abordar o problema de modo original e criativo, é ideal para curtos espaços de tempo e situações cujas regras podem mudar rapidamente.

Essa forma de encarar problemas, no entanto, não ajuda muito em casos com uma ou poucas soluções, pois muitas vezes caminhos restritos de ação não são óbvios e a visão do tipo geral ou global pode gerar dificuldades na identificação dos passos a ser seguidos.

Use o estilo piloto para:

- apreciar o cenário de forma ampla e ter um panorama das possíveis soluções;
- usar ferramentas criativas (ver capítulo 2) para encontrar as alternativas possíveis;
- avançar em direção à sua meta e reconsiderar opções;
- confiar em si e reconhecer o valor de instintos e palpites.

Os capítulos 3 e 4 incluem dicas para melhorar o desempenho do estilo explorador, e o capítulo 2 apresenta formas de desenvolver as habilidades do estilo piloto.

QUANDO E COMO REALIZAR MULTITAREFAS

Alguns estilos de vida exigem a execução de múltiplas tarefas concomitantemente. A multitarefa é uma habilidade útil, mas é preciso aprender a reconhecer que às vezes fazer muitas coisas ao mesmo tempo pode atrapalhar o foco e impedir que as tarefas sejam cumpridas com rapidez e eficiência.

DEMANDAS CONFLITANTES

Realizar diversas tarefas cotidianas simultaneamente gera dificuldades sem importância. No entanto, em desafios mais exigentes e significativos – como tomar uma decisão que pode mudar sua vida, redigir relatórios no trabalho ou ajudar uma criança com a lição de casa –, a multitarefa pode ser contraproducente. Fazer diversas atividades ao mesmo tempo ou sucessivamente resulta em baixos níveis de atenção, perda de concentração, problemas de memória e, muitas vezes, pensamentos confusos. O motivo principal dessas falhas é que o cérebro divide seu potencial nas várias atividades realizadas, reduzindo sua capacidade de eficiência como um todo, especialmente quando as tarefas são similares.

Diferentes partes do cérebro se especializam em funções distintas, como audição, visão, movimento e linguagem. Empreender muitas tarefas ao mesmo tempo é mais difícil quando duas ou mais atividades requerem o mesmo modo de pensar e envolvem a mesma região do cérebro. Tentar participar de duas conversas ao mesmo tempo, por exemplo, cria conflito na parte do cérebro responsável pela audição, assim como ler e falar ao telefone ao mesmo tempo pode gerar conflitos na porção responsável pela linguagem.

MULTITAREFA EFICAZ

As dicas práticas a seguir podem ajudar a realizar duas ou mais atividades ao mesmo tempo, mantendo a concentração.

- Não misture tarefas que exigem as mesmas habilidades (como discar no telefone celular enquanto dirige, pois são duas atividades ligadas à capacidade de movimento). Misturar tarefas que usam habilidades diferentes pode ser menos problemático (como ouvir música ao dirigir, pois, enquanto uma mobiliza a audição, a outra mobiliza a capacidade de movimento).
- Se gosta de ouvir música enquanto lê ou escreve, procure melodias instrumentais, sem letras, para não sobrecarregar a parte do cérebro responsável pela linguagem.
- Quando precisar mudar de uma tarefa importante para outra, respire fundo e tente refrescar a cabeça entre elas. Uma alternativa é intercalar afazeres cotidianos simples entre uma e outra, como lavar louça ou mesmo fazer uma caminhada.

PARE!

Evite realizar tarefas conflitantes quando:

- necessitar o máximo de desempenho do cérebro, como ao fazer um trabalho difícil;
- a situação exigir foco e não permitir erros, como dirigir.

DEFINIR PRIORIDADES

Para concluir as tarefas cotidianas, precisamos focar a mente e o físico de maneira eficaz. A melhor maneira de se concentrar em atividades fundamentais é definir prioridades, mais do que apenas reagir ao aparecimento aleatório de demandas.

TRABALHO, FAMÍLIA, DESCANSO E LAZER

Antes de embarcar em qualquer atividade, comece por lembrar-se de suas prioridades na vida. Não há razão para buscar soluções muito práticas ou criativas se esse tipo de atitude não corresponde aos seus valores e crenças.

Tudo o que fazemos se enquadra em uma destas quatro categorias:

- trabalho (inclusive trabalhos sociais voluntários e domésticos);
- relacionamentos e família;
- *hobby* e lazer (inclusive educação pelo prazer de estudar);
- saúde (inclusive práticas espirituais, como meditação e ioga).

Qual dessas áreas é sua prioridade hoje? Qual é sua prioridade na vida? Quantas horas você dedica por semana a cada uma delas? Talvez se surpreenda ao constatar que está investindo muito tempo em uma área que não se relaciona com seus principais objetivos de vida.

O QUE DEVE ESTAR NO TOPO DA LISTA?

Em geral, as prioridades são ditadas em função de tarefas mais urgentes, como pagar contas, atender a pedidos dos outros, realizar trabalhos domésticos. É muito fácil tornar-se meramente reativo, como se estivesse com uma raquete diante de uma máquina de atirar bolas de tênis, sem pausa para realizar qualquer outro movimento que não seja rebatê-las. Quando a vida atira tarefas "urgentes, mas não importantes", as não urgentes, porém mais importantes, ficam negligenciadas em segundo plano.

PRIORIZAR TAREFAS IMPORTANTES

A matriz abaixo inclui quatro categorias de tarefas, classificadas conforme a urgência e/ou importância. Para ajudar a estabelecer prioridades, desenhe sua própria tabela, dividindo uma folha em quadrados e listando as tarefas abaixo do cabeçalho correspondente.

MATRIZ DE TAREFAS

urgentes e importantes	**urgentes, mas não importantes**
importantes, mas não urgentes	**não urgentes nem importantes**

Para cada atividade, faça-se a seguinte pergunta antes de adicioná-la ao quadro: "A realização desta tarefa contribui de alguma maneira para que eu alcance minhas metas prioritárias na vida?"

Mantenha a tabela sempre perto, para ticar as tarefas cumpridas. Nem sempre é possível evitar as atividades "urgentes, mas não importantes", contudo procure garantir que elas (e sobretudo as "não urgentes nem importantes") não sejam as únicas a ser riscadas da lista. Esforce-se para se dedicar ao que é importante para você.

CAPÍTULO 2

RENOVAR PERSPECTIVAS

Abordar um problema de forma criativa pode ampliar o máximo possível o leque de opções a ser consideradas, assim como abrir a mente e alimentar ideias ajuda a encontrar soluções mais naturalmente. O *brainstorming* e outras formas de pensamento criativo podem aumentar a gama de alternativas a ser consideradas ou ajudar a ver as coisas sob novas perspectivas.

É possível, também, alimentar o lado criativo incentivando o subconsciente e confiando nos poderes da intuição. Estamos tão acostumados a pensar em palavras que, em geral, esquecemos de usar essas poderosas formas de pensamento não verbal. São técnicas imaginativas muito úteis para alcançar respostas e decisões efetivas.

CULTIVAR SOLUÇÕES CRIATIVAS

O pensamento lógico estaria na categoria do que chamamos de inteligência; o pensamento criativo em geral vem do que denominamos sabedoria. Quando uma ideia, ou observação, atinge uma mente rica em experiências sobre um campo do conhecimento, floresce e pode estimular conceitos criativos.

OS FRUTOS DE UMA MENTE FÉRTIL

A maioria dos especialistas em criatividade a descreve como uma atividade orgânica, ligada ao subconsciente, em oposição à forma lógica da consciência empregada em processos de tomada de decisão e resolução de problemas. Dizemos que uma pessoa tem a "mente fértil" ou que uma situação está "carregada de possibilidades". Ideias criativas florescem melhor numa mente receptiva e ilimitada. Esse processo, comparado à gestação de um bebê, é dividido em três estágios:

- **Concepção:** encontrar uma questão, desafio ou problema interessante;
- **Gestação:** não forçar uma resposta e deixar aflorar o processo criativo;
- **Nascimento:** relaxar, para entrar num estado receptivo a novas ideias.

Uma abordagem criativa pode levar a uma solução original, mas chegar lá é mais trabalhoso do que escolher uma das opções preexistentes e seguir um caminho lógico. Além disso, em geral exige mais tempo, já que o pensamento criativo é mais lento. O *brainstorming*, porém, pode ser exceção (ver p. 30).

ALIMENTAR A CRIATIVIDADE

O pensamento criativo não é um simples processo lógico de passo a passo. Algumas técnicas podem ajudá-lo a atingir estados criativos e aumentar as probabilidades de desenvolver ideias originais.

* * * * *

Prepare-se. Deixe caderninhos de anotações ao alcance da cama, no carro e espalhados pela casa. Boas ideias não surgem na escrivaninha ou na mesa de escritório: é mais provável aparecerem em situações em que a mente consciente está focada em outras coisas.

* * *

Pense em algum tema antes de dormir. Às vezes, ao despertar, podem aparecer novos *insights*.

* * *

Tome nota dos sonhos. Toda noite sonhamos, mas as imagens logo somem da memória ao acordarmos. Manter um diário de sonhos é um modo de lembrá-los.

* * *

Faça exercícios. Muitas pessoas têm boas ideias enquanto praticam alguma atividade física. Tente caminhar, nadar, andar de bicicleta ou qualquer outra atividade que mantenha o corpo ocupado e a mente livre para divagar.

* * *

Relaxe. Ideias originais surgem mais facilmente em momentos de relaxamento. Pesquisas mostram que, quanto mais uma pessoa é submetida a trabalhos sob pressão, mais rígido se torna seu pensamento.

BRAINSTORMING

Sugerida inicialmente por um publicitário na década de 1930, a prática do *brainstorming* tornou-se muito popular na abordagem de problemas e é bastante usada no meio empresarial. Embora tenha sido concebida como prática de grupo, pode ser mais efetiva se realizada individualmente.

PASSO A PASSO DO BRAINSTORMING

O *brainstorming* envolve dois estágios. O primeiro é deixar vir à tona o máximo de ideias possível; o segundo é avaliar essas ideias.

Reserve pelo menos meia hora em um lugar onde possa relaxar sem ser interrompido. Escreva de 50 a 100 possíveis soluções ou ideias que surgirem, não importa quão loucas ou impossíveis pareçam. Coloque uma estrela ao lado das que suscitarem uma reação emocional positiva. Nesse estágio, o importante é a quantidade, e não a qualidade; parar para refletir sobre as ideias nesse momento pode inibir o fluxo e fazer que possíveis soluções, não óbvias, mas interessantes, sejam deixadas de lado. Uma vez esgotadas todas as possibilidades e ideias, volte ao início da lista e preste atenção especial nos itens com estrela. Tente classificar esses itens de 1 (inútil) a 7 (excelente).

Finalmente, revise as ideias que atingiram os índices 6 e 7. Podem não ser respostas óbvias, mas procure analisar a fundo o potencial que carregam. Será que uma ideia estimulante, porém improvável, pode ser combinada a outra para obter uma solução melhor ainda? Ou será que uma ideia pode ser transformada, ampliada, diminuída ou recolorida?

PENSAMENTO VISUAL

Muitas partes do cérebro, incluindo grande porção do hemisfério direito e o subconsciente, pensam, mais do que em palavras, em imagens e padrões visuais. Se estiver diante de um problema ou decisão, pode ser uma boa ideia dar uma oportunidade para que essas partes mais visuais da mente se desenvolvam.

DIVAGAÇÃO DIRECIONADA E VISUALIZAÇÃO

Em nossa cultura, somos "treinados" a expressar os pensamentos por meio da linguagem. No entanto, quase sempre passamos ao largo de outra poderosa forma de pensamento: a imaginação visual. Construir ideias por meio da visualização é útil não só para o pensamento criativo, mas também para gerenciar emoções e estabelecer metas (ver capítulos 5 e 6).

Quando estamos profundamente relaxados, a mente entra em baixa frequência (nível 1, ver p. 15) e volta-se para dentro, em direção a estados de dormência ou divagação, que levam as ondas cerebrais a gerar imagens mentais. É o estado ideal para conceber ideias criativas que brotam das profundezas da mente.

O subconsciente parece se comunicar com o consciente por meio de imagens. Mais do que simples divagações ou meras repetições do que você estiver observando, essas imagens mentais são ricas em significados. Elas ajudam a condensar rapidamente ideias complexas e detalhadas. Você pode acessar essas imagens conscientemente: enquanto estiver divagando acordado ou em estado visual da mente, mergulhe fundo no subconsciente e retenha qualquer coisa que pareça particularmente potencial ou significante. Assim poderá pensar melhor em seu significado quando voltar ao estado de alerta normal da mente.

INICIAR A DIVAGAÇÃO IMAGÉTICA

Visualizar é uma habilidade que se torna mais fácil com a prática. Deixar a mente divagar enquanto desenha (não se preocupe se "não sabe" desenhar) ou criar imagens mentais pode funcionar muito bem. Ou tente uma das opções a seguir para deslanchar o processo:

- Relaxe e feche os olhos. O objetivo não é adormecer; então, fique sentado e faça soar um alarme a cada cinco minutos para mantê--lo acordado.
- Feche os olhos e massageie gentilmente as pálpebras, como se estivesse cansado. Esse gesto, ao pressionar a retina, produz fosfenos – aquelas luzes e cores que vemos de olhos fechados. Pergunte-se quais lembranças esses *flashes* trazem.
- Olhe para uma janela, ou outra área em que haja contraste entre luz e sombra, e feche os olhos. Esse gesto deve criar uma "pós--imagem". Concentre-se nela e deixe que atraia outras imagens.
- Sente-se num lugar onde veja o céu, olhe para uma nuvem e relaxe. Gradualmente, deixe sua imaginação construir formas com a linha das nuvens.

LEMBRAR AS IMAGENS

O psicólogo Win Wenger demonstrou que descrever imagens visuais em voz alta ajuda a potencializá-las. A recomendação é começar por alguma questão específica que você deseja submeter ao subconsciente. Feche os olhos e espere as imagens aparecerem. Em seguida, descreva literalmente a alguém ou a um gravador todos os detalhes das imagens surgidas. Tente também incluir outras impressões sensoriais trazidas pela mente.

É importante não analisar as imagens até o fim da sessão, pois trabalhar com elementos racionais durante o processo pode influenciar a visualização.

Gravar as sessões, ou tomar notas imediatamente após seu término, permite que o material seja consultado em outros momentos. Com o acúmulo de notas ou gravações, é possível montar um arquivo com "respostas" para determinadas questões. Essa técnica também pode ser usada em diversas sessões sobre um mesmo tema, para construir uma série de soluções possíveis.

CIENTISTAS VISIONÁRIOS

Os artistas não são os únicos que visualizam imagens ou divagam acordados: alguns dos maiores cientistas também resolveram problemas dessa forma. Por exemplo, Thomas Edison costumava "sentar para ter ideias" em um quarto escuro com um bloco de notas, e há muitos relatos de que Francis Crick se inspirava com exercícios semelhantes para trabalhar na estrutura do DNA. Albert Einstein empreendia o que chamava de "experimentos com o pensamento" – por exemplo, viajar mentalmente por um feixe de luz levou-o a ideias que contribuíram para sua teoria da relatividade. O químico August Kekulé formulou a estrutura circular da benzina depois de sonhar com uma cobra comendo o próprio rabo, enquanto o engenheiro Nikola Tesla teve a impressionante habilidade de visualizar uma invenção em sua imaginação e saber exatamente se ela funcionaria ou não sem nunca tê-la construído.

SEGUIR A INTUIÇÃO

A intuição, como a criatividade, é movida pelo subconsciente e considerada impenetrável e misteriosa. Ao contrário da maioria dos tipos de pensamento criativo, a intuição aparece em *flashes*, com informação instantânea.

APENAS UM PRESSENTIMENTO?

Ao abordar um problema ou viver um processo de decisão pela primeira vez, é comum ter uma reação instintiva, imediata. Porém, muitas vezes descartamos essas impressões iniciais por não saber de onde vêm nem como explicá-las logicamente. Sem abandonar o pensamento racional, pode ser útil prestar mais atenção a essas reações, pois pesquisas revelam que, na maior parte das vezes, elas são corretas.

O pensamento tende a surgir em áreas sobre as quais já existe amplo repertório de experiências. Por exemplo, estamos muito acostumados a interagir com pessoas, nas mais diversas situações. Não é por acaso que, justo nesse tipo de relação, surgem os mais fortes instintos de simpatia ou antipatia, de confiança e desconfiança. De maneira similar, especialistas que acumularam muito conhecimento sobre determinado campo são capazes de realizar avaliações de forma rápida e certeira acionando a experiência latente no subconsciente.

SEGUIR OU NÃO A INTUIÇÃO?

O inconsciente é capaz de captar e sintetizar mais informações do que o consciente, razão pela qual é muito importante levar em conta os instintos em processos decisórios muito complexos. Em caso de decisões mais simples, tente resolver de modo mais racional. Há também duas circunstâncias em que é preciso tomar cuidado com a intuição: quando estão presentes sentimentos explosivos, como medo ou desejo, pois podem obscurecer os julgamentos genuinamente intuitivos; e em situações sobre as quais se tem pouca experiência para basear a intuição.

APROVEITAR OS PENSAMENTOS INTUITIVOS

Passo 1

Procure impressões fugazes que cruzam a consciência como borboletas. Procure captá-las com a rede da atenção! Dê particular importância a respostas emocionais que pareçam desproporcionais à situação.

Passo 2

Questione sua impressão inicial. O que a originou? Por que razão? Terá sido algum detalhe, captado do subconsciente, que sua atenção consciente não conseguiu detectar como significante?

Passo 3

Pergunte-se: "O que teria acontecido se eu tivesse seguido a intuição e agido de acordo com ela?"

Passo 4

Verifique suas suposições para ter certeza de que a resposta não foi baseada em mal-entendidos. As páginas 76-79 também podem ajudar a avaliar se um palpite foi construído a partir de falsas informações.

REAVALIAÇÃO CRIATIVA

Antes de mergulhar em um problema, vale a pena reservar um tempo para reavaliá-lo. Repensar algo de maneira diferente pode ajudar a revelar uma nova perspectiva, que por sua vez talvez leve a soluções surpreendentes e mais refinadas.

UMA SIMPLES RESPOSTA

Todos nós, perante um invento ou uma solução, já nos perguntamos: "Como não tinha pensado nisso?" Até mesmo soluções de problemas complexos podem ser inesperadamente simples, e muitas parecem bastante óbvias assim que tomamos conhecimento delas. Na maioria das vezes, isso acontece quando uma pessoa usa uma ideia de uma área em outra não relacionada a ela. O pensamento criativo aparece quando juntamos elementos aparentemente desconexos. Por exemplo, o engenheiro Percy Spencer inventou o forno de micro-ondas ao notar que uma barra de chocolate havia derretido em seu bolso enquanto trabalhava próximo a um sistema de radar militar que emitia radiação em micro-ondas.

NOVO ÂNGULO

A maioria dos erros em processos de decisão não tem a ver com lógica, mas com falha na percepção inicial. Assim, olhar uma questão sob diferentes pontos de vista é uma habilidade fundamental, sobretudo para quem utiliza mais o pensamento explorador (ver p. 20). Olhar de outra perspectiva ajuda a pensar em soluções que não teriam sido vislumbradas de outra forma – um problema pode deixar de sê-lo se o virmos de outro ângulo!

PERGUNTAS NORTEADORAS

As questões a seguir podem suscitar novas perspectivas para enfrentar um problema.

* * * * *

Há um problema?

Como você perceberia a situação de outra forma se não considerasse a questão como um problema? Como uma pessoa que encara as coisas de modo positivo a percebe? Tente levar em conta todos os aspectos positivos de uma situação.

* * *

Há conexões úteis?

Há algum fator relacionado à questão que, tomado isoladamente, poderia levá-lo a ter pensamentos novos e mais produtivos?

* * *

Como os outros veem a situação?

Como um matemático abordaria a questão? E um artista? E uma criança? E alguém mais velho ou de uma cultura diferente?

* * *

Os opostos são realmente opostos?

Há uma tendência geral a categorizar o mundo a partir de dicotomias: uma coisa sempre é oposta a outra. Como sua percepção mudaria se algumas coisas fossem consideradas similares, e não contrárias, a outras?

* * *

Os livros podem ajudar?

As livrarias e bibliotecas têm a maior concentração de ideias, além da internet. Procure livros que chamem sua atenção aleatoriamente e pense em como poderia relacioná-los ao problema em questão.

CAPÍTULO 3

ANALISAR AS OPÇÕES

Analisar as opções é a chave para boas decisões. Por exemplo, ao enfrentar um problema, é importante distinguir qual tipo de questão encontra-se em jogo, se está ou não sob controle e como a situação pode mudar ao longo do tempo.

No entanto, todas as lógicas do mundo, incluindo a de supercomputadores, serão inúteis se as premissas estiverem incorretas. A qualidade do pensamento é diretamente proporcional à qualidade da informação em que o raciocínio se baseia. Muitas vezes, acreditamos estar desenvolvendo um processo racional de decisão quando, na realidade, estamos retomando experiências passadas para nos guiar ou respondendo automaticamente, sem perceber, a estímulos do nosso entorno imediato. Segundo Anaïs Nin, "Não vemos as coisas como elas são, mas sim como nós somos". Este capítulo vai ajudá-lo a identificar falsos pressupostos no pensamento para que as percepções e os raciocínios sejam mais claros.

PROBLEMAS CONVERGENTES E DIVERGENTES

Uma etapa fundamental para uma decisão acertada é definir o problema com o qual se está lidando. É preciso se perguntar se há alguma meta específica ou múltiplas possibilidades de solução, o que pode clarear a mente e ajudar no processo de escolha.

CONVERGENTE OU DIVERGENTE?

Se há apenas uma solução ou um número limitado de opções e a resposta é definida em termos de certo ou errado – como por exemplo "Quanto é 2 + 2?" ou "Quais companhias aéreas voam diretamente para Chicago?" –, estamos diante de um problema "convergente". Se há muitas respostas possíveis e nenhuma correta em particular – como "O que servir em um jantar?" –, trata-se de um problema divergente.

Sempre vale a pena ter em mente que a maioria dos problemas é divergente, e não convergente. Abordar uma questão como convergente de maneira equivocada pode tornar o processo de decisão muito mais difícil, além de consumir tempo e esforços em busca *da* solução, enquanto o que se precisa é de *uma* solução.

Os dois tipos de estilo de foco descritos no capítulo 1 (ver pp. 20-21) podem ser aplicados aqui. O estilo explorador, que envolve uma abordagem metódica passo a passo, é melhor para problemas convergentes, ao passo que o estilo piloto se ajusta mais a problemas divergentes – já que exigem uma visão mais ampla e intuitiva.

COMO ANALISAR AS OPÇÕES DE UM PROBLEMA CONVERGENTE

O truque para lidar com um problema convergente é eliminar rapidamente os impasses. Imagine dois alpinistas que saíram de um mesmo ponto e estão competindo para ver quem alcança primeiro o topo da montanha. Cada um adota uma forma de encarar o desafio.

O alpinista do estilo piloto sem dúvida começará com algum movimento que o aproxime da montanha. O outro, do estilo explorador, planejará todo o trajeto a ser percorrido depois de checar o terreno ou um mapa, e por isso já saberá de antemão que há um rio entre ele e a montanha. O outro alpinista se dará conta do obstáculo apenas quando deparar com ele, e nesse ponto terá de repensar seu caminho. O explorador toma uma atitude inicial que parece ir contra a meta, ou seja, se afasta da montanha, porque sabe que esse caminho o levará a uma ponte, onde poderá atravessar o rio.

Para um problema convergente como esse, em que o objetivo – ou a solução – é limitado e específico, o explorador tem uma abordagem mais eficiente. O tempo investido inicialmente em reunir as informações necessárias sobre a rota a ser seguida evita a perda de tempo e o esforço de chegar a um impasse e ter de voltar ao ponto de partida.

Diagrama de soluções

Já que a maioria dos problemas não vem com um mapa, desenhar um diagrama pode ajudar a traçar o caminho para o objetivo buscado.

Para construir seu diagrama:

- desenhe um ponto de partida (como uma caixa com o letreiro "COMEÇO");
- desenhe caixas para cada opção e trace linhas que as unem ao "COMEÇO";
- para cada opção, pense numa etapa posterior possível, desenhe uma nova caixa para cada uma e junte-as com linhas;
- adicione outras etapas até terminarem as ideias.

Esse processo tem como finalidade tornar os impasses evidentes, assim como fazer os caminhos ficarem possíveis. Como exemplo, o problema da montanha seria representado da seguinte maneira:

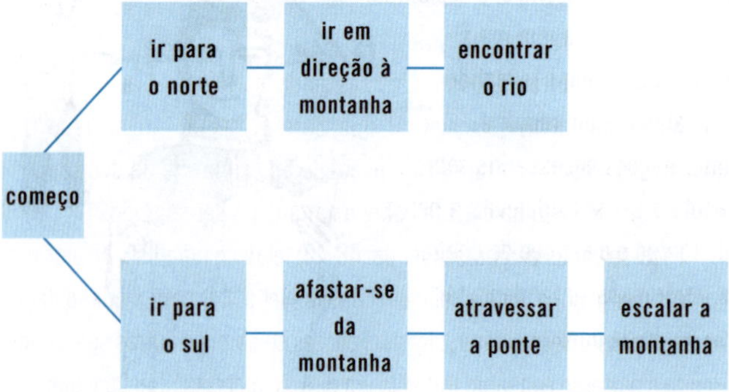

OUTROS USOS PARA O DIAGRAMA DE SOLUÇÕES

Diagramas de soluções funcionam melhor quando há poucas opções; mas, como ilustra a imagem a seguir, também podem ser usados para identificar mais de um caminho para a solução. O diagrama abaixo representa a seguinte situação: você está num acampamento no deserto e precisa dividir seu estoque de água. Há um reservatório cheio, que comporta cinco galões, e dois reservatórios vazios: um deles comporta dez galões e o outro, três. Como medir a quantidade de água para encher o reservatório de dez galões com o equivalente a dois galões de água?

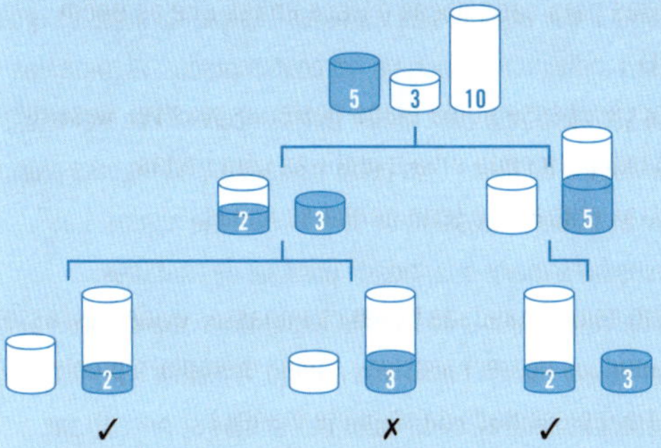

COMO ENCARAR PROBLEMAS DIVERGENTES

Se o problema enfrentado tem diversas soluções viáveis – aonde ir nas férias, qual televisão comprar, qual carreira seguir –, o segredo do sucesso é usar a estratégia do piloto de aproximar-se da decisão mesmo quando não há certeza sobre o caminho a ser seguido.

Faça-se várias perguntas (ver pp. 48-49), elabore uma lista de prós e contras (ver p. 66) e tente a colagem criativa (ver p. 44) para ajudar a dar o primeiro passo. Nessa etapa, algumas opções se abrem e outras se fecham. Repita o processo enquanto trabalha em direção à decisão final adequada.

Recorte criativo

É uma adaptação da estratégia do piloto de começar a resolver um problema e ver até onde ele vai. O recorte criativo consiste em desmontar um grande problema em suas partes mais óbvias, reavaliá-lo e, se a solução ainda não estiver clara, recortar as partes em pedaços menores, até que apareça uma solução.

Imagine uma viagem de férias em família. Comece com a solução mais geral: alguns destinos que atendam às vontades básicas de todos. Pergunte-se quais caprichos individuais poderiam ser contemplados. Alguma das alternativas pode ser adaptada para incluir outras opções? Por exemplo, se se tratar de uma viagem de férias com belas paisagens, há lugares próximos a uma praia onde as crianças possam se divertir durante alguns dias? Continue até acomodar a maior quantidade possível de vontades.

O diagrama de Venn, como o da família imaginária abaixo, pode ajudar na decisão. Desenhe um círculo para cada critério. A melhor solução é a que aparecer na intersecção central, onde todos os círculos se encontram.

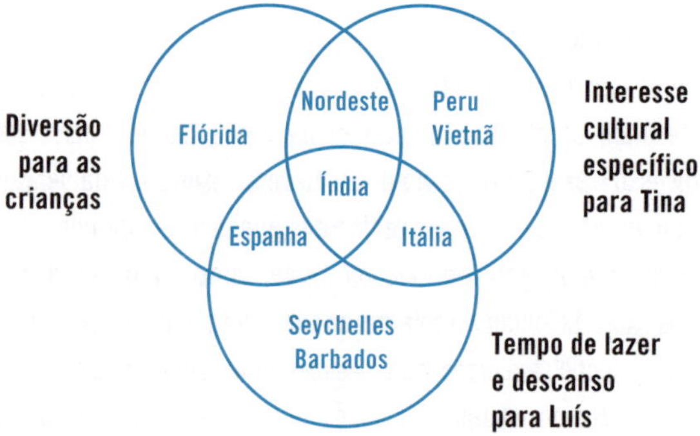

FOCAR SOLUÇÕES

Debruçar-se exaustivamente sobre as causas de um problema pode impedir a busca de uma resposta. Na "terapia breve do foco em soluções", os adeptos questionam a necessidade de dissecar os problemas e sugerem, em lugar disso, analisar soluções. Veja algumas formas dessa prática que podem funcionar:

COMO SE FOSSE MÁGICA...

Imagine acordar uma manhã e perceber que seus problemas desapareceram. Como reconhecer que isso aconteceu? Construa esse dia em sua imaginação e relacione tudo o que seria diferente em sua vida.

Essa técnica é mais do que uma forma de pensar positivo. Ao vislumbrar os detalhes de sua vida no futuro como se estivesse num "camarote", é possível soltar o pensamento e talvez encontrar novas perspectivas para minimizar os problemas ou evitar que se acumulem de uma só vez.

VALORIZE O POSITIVO

Pergunte-se: "Algumas vezes as coisas acontecem como espero?" Por exemplo, se seu filho molha a cama, a questão deve ser: "Em quais noites isso não aconteceu?" Se você necessita ganhar mais dinheiro, tente perguntar-se: "Em que momentos ganhei mais dinheiro?" Ou, questionando de outra perspectiva: "Quando me sinto tranquilo com o que ganho?" Se puder identificar algum fator positivo que se relacione com o desfecho desejado, mesmo que seja mínimo, tente construir o pensamento a partir daí.

OS LIMITES DO CONTROLE

A velha piada diz que "Todos reclamam do tempo, mas ninguém toma uma atitude a respeito". Falar em mudar o clima é absurdo, mas não raro sustentamos crenças equivalentes sobre nossa capacidade de gerenciar o não administrável e controlar o incontrolável.

ONDE ESTABELECER O LIMITE?

Coisas que em geral tentamos controlar:

- a atitude dos outros;
- os pensamentos e sentimentos alheios;
- o desfecho de situações em curso;
- nossos próprios sentimentos.

Podemos ser capazes de influenciar e gerenciar esses fatores, mas em última instância nunca é possível controlá-los.

Algumas coisas que *podemos* controlar:

- nosso comportamento;
- nossas atitudes.

Liste os elementos do seu problema separando os que estão sob controle dos que não estão. Dirija seu foco aos que podem de fato ser controlados. Você pode hierarquizá-los numa escala de 1 a 7, sendo 1 o mais fácil e 7 o mais difícil, e priorizar os que estiverem na parte de baixo da escala.

NÃO ENTRE EM PÂNICO!

Muitas vezes nos sentimos paralisados diante de um problema ou situação complexa. Se for esse o seu caso, as dicas a seguir podem ajudá-lo a se livrar desse sentimento e recuperar o poder de ação.

* * * * *

Procure evitar que seus pensamentos saiam do prumo – por exemplo: "Se eu arruinar esse projeto perderei o emprego, não poderei pagar o aluguel e perderei minha casa...". Use a técnica do PARE (ver p. 17) para impedir que o pânico se instale.

* * *

Escreva o problema e itens relacionados de forma a defini-los o mais claro possível. Vê-los no papel ajuda a discernir os limites da situação e torná-la menos intimidadora.

* * *

Desmembre minuciosamente o problema em todos os seus elementos e, em seguida, resolva um ou dois aspectos. Completar essas tarefas pode fazer com que você sinta o problema avançar e ganhe ânimo para prosseguir.

* * *

Para sair instantaneamente de uma situação de grande estresse, tente exercitar-se, como sair para uma caminhada ou corrida. A atividade física diminui o nível dos hormônios ligados ao estresse e aumenta os níveis de endorfina, melhorando o humor.

O PODER DAS PERGUNTAS

Uma das melhores técnicas para analisar um problema é fazer perguntas a si mesmo e aos outros. Isso pode funcionar porque tanto você como outras pessoas podem já ter deparado com situações semelhantes e trazer boas ideias.

O NÓ DO PROBLEMA

Tente analisar o problema e suas opções de solução fazendo-se as seguintes perguntas:

- Por que esse problema existe?
- Por que vejo essa situação como um problema?
- Quais seriam as implicações dessa solução?
- O que essa solução proporcionaria em comparação a outras?

Use essas perguntas para dividir o problema em seus elementos fundamentais. Por exemplo, se o tema é comprar ou não um carro novo, comece pela pergunta: "Para que quero um carro?". Três das possíveis respostas seriam as seguintes:

- para ir ao trabalho
- para ter mais liberdade de circulação
- para manter meu *status*.

Nesse sentido, mais do que definir seu problema como "Quero um carro novo", a questão principal deve ser "Quero otimizar a ida e a volta do trabalho" ou "Quero sentir-me mais livre".

Deslocar o problema para esse estágio mais básico pode revelar outras opções. Em vez de restringir a questão a comprar um carro, se a meta for reformulada para "Melhorar o transporte para o trabalho", surgirão novas considerações, como pegar táxi, ônibus ou trem, comprar uma bicicleta, esquematizar uma carona com um colega e assim por diante.

ANALISAR POR QUESTIONAMENTO

Da próxima vez em que estiver buscando a melhor forma de enfrentar um problema para atingir determinada meta,

- pergunte-se qual razão ou necessidade deu origem ao problema;
- faça um *brainstorming* para encontrar novas formas de satisfazer sua necessidade (ver p. 30);
- analise as opções que apareceram durante a sessão de *brainstorming*: alguma delas parece melhor, mais fácil e mais apropriada que sua ideia original?

Ao usar o método do questionamento, você evita escolher uma meta superdimensionada ou seguir caminhos de ação muito complexos, quando uma alternativa mais simples seria suficiente.

"Se não sabe, pergunte. Você parecerá tolo por um momento, mas será um homem sábio para o resto da vida."

Sêneca (4 a.C-65 d.C.)

MODOS DIFERENTES DE PENSAR

Há várias formas de raciocínio lógico que podem ser usadas em processos de decisão ou resolução de problemas. As alternativas consideradas e as conclusões alcançadas variam muito em função da maneira como são aplicadas. A seguir, apresentamos alguns tipos de raciocínio lógico e seus benefícios.

INDUÇÃO

É traçar conclusões gerais com base nas evidências disponíveis. O famoso exemplo a seguir é do filósofo da ciência Karl Popper, nos anos 1930:

"Até hoje, vi apenas cisnes brancos, então concluo que todos os cisnes são brancos".

Muitas formas de amostragem estatística baseiam-se nessa forma de raciocínio. No entanto, o ponto fraco desse procedimento é que com ele não é possível provar que algo é verdade, apenas que é plausível. Como apontou Popper no contexto de sua afirmação, bastaria aparecer um cisne preto para provar que a conclusão é falsa!

DEDUÇÃO

É tecer uma conclusão lógica decorrente das proposições tomadas inicialmente. Desde que as premissas originais estejam corretas, suas conclusões dedutivas serão sempre corretas.

Por exemplo:

"Minhas chaves estão, sem dúvida, em casa ou no carro. Já procurei no carro; seguramente, estão em casa".

O perigo desse raciocínio é depositar muita confiança nas premissas iniciais: tem certeza de que as chaves só podem estar nesses lugares?

COMPARAÇÃO

É aplicar raciocínios de situações passadas em situações novas semelhantes. Assim como na indução, especialistas utilizam essa forma de raciocínio para encontrar respostas rápidas baseadas na experiência. Por exemplo:

Um médico vê um paciente com o rosto inchado e vermelho. Com base em diagnósticos anteriores, ele avalia que se trata de caxumba.

Se por um lado esse método é útil, pela rapidez com que pode levar a uma solução, por outro depende da acuidade da percepção. É melhor que seja usado apenas em situações realmente muito parecidas com outras anteriores e que tenham poucas probabilidades de ser permeadas por novos fatores.

CHEQUE OS DADOS

Raciocínios errôneos podem levar a decisões imprecisas, por isso é importante sempre questionar a forma como se chegou a uma conclusão e avaliar se os passos até ela foram bem elaborados. As próximas páginas ilustram algumas armadilhas construídas por falsas premissas.

ARMADILHAS DO PENSAMENTO... E COMO ESCAPAR DELAS

Em geral, acreditamos abordar situações de decisão sempre de maneira lógica. No entanto, nosso raciocínio não é infalível: muitas vezes, caímos em "armadilhas do pensamento", das quais não podemos escapar. Estar atento a esse tipo de engodo e saber como sair dele ou evitá-lo pode melhorar muito o desempenho da mente.

ARMADILHA 1: NEGAR OU EVITAR

Recusar-se a lidar com situações desagradáveis, seja por negar que existe de fato um problema, seja por evitar a atitude a ser tomada para resolver a questão.

- **Exemplo** Você está afundando em dívidas, mas nega que o problema existe – ou evita tomar providências para saná-lo.
- **Como escapar** Esse tipo de armadilha do pensamento aparece em situações em que há medo de enfrentar o problema. Lembre a si mesmo que, por pior que seja enfrentar a realidade, negá-la ou evitá-la tende a causar ainda mais desgosto. Seja corajoso e reavalie a situação. Tente deixar a tarefa menos desagradável fazendo algo que lhe dê prazer logo depois de lidar com ela.

ARMADILHA 2: SIM, MAS...

Colocar uma série de empecilhos, ainda que insignificantes, a uma nova ideia em vez de explorar suas possibilidades.

- **Exemplo** Amigos o convidam para um fim de semana de esqui e, embora você saiba que se divertiria muito, sua mente traz à tona uma série de objeções: "Quem vai alimentar o gato?", "Será que vou passar vergonha nas pistas de esqui?"
- **Como escapar** Use a estratégia do PIN:
  Em primeiro lugar, liste tudo o que há de **P**ositivo na ideia.
  Em seguida, identifique algo **I**nteressante, ainda que não seja especialmente positivo.
  Finalmente, pondere as consequências ou aspectos **N**egativos.
  Essa abordagem permite acentuar os aspectos positivos e remover ou minimizar os negativos. Questione-se sobre os empecilhos: isso é realmente verdade? Em que evidências estou me baseando?

ARMADILHA 3: PENSAMENTO COLETIVO

Aceitar automaticamente a opinião dos outros – da sociedade, dos amigos, da família, dos colegas – sem antes checar se estão corretos.

- **Exemplo** Quase todas as afirmações que começam com "Todo mundo sabe que...", "Todas as pessoas corretas concordam em que ...", "É sabido que..."
- **Como escapar** Não assuma nada, questione tudo. Pergunte: "Como sei realmente?", em vez de aceitar as coisas sem hesitar. Priorize as evidências que estão à sua frente em vez de confiar automaticamente em outras pessoas.

ARMADILHA 4: VISÃO SELETIVA

Tentar moldar os fatos de uma situação conforme as conclusões tiradas em situações anteriores.

- **Exemplo** Ver uma pessoa que você ama ou admira pintada de rosa e considerar que tudo o que ela faz é correto. Essa visão idealizada também se aplica a objetos e empresas: um vendedor de antiguidades que encontra uma peça que talvez seja uma raridade pode estar "cego" para os aspectos duvidosos do objeto, ou um acionista pode não questionar a reputação de um de seus clientes.
- **Como escapar** Tente ser mais objetivo em seus julgamentos e procure olhar atentamente para aspectos que contrariam suas expectativas. Lembre: a visão seletiva pode também funcionar de maneira contrária e focalizar apenas aspectos negativos.

ARMADILHA 5: PENSAMENTO OBTUSO

Não reconhecer a necessidade de renovar o pensamento ou o ângulo de visão. As pessoas tendem a não repensar decisões já feitas nem mudar o curso da ação já iniciada, ainda que percebam o engano.

- **Exemplo** Montadoras de veículos dos Estados Unidos insistem no fato de que o consumidor norte-americano não tem interesse em comprar carros compactos.
- **Como escapar** Reavalie sempre seus principais pressupostos. Nunca tire conclusões antecipadas. Uma boa estratégia é ser seu próprio "advogado do diabo". Você pode identificar o erro antes dos outros? O que fará para corrigi-lo? Reconsidere decisões: isso é um sinal de capacidade de adaptação, e não de fraqueza.

ARMADILHA 6: COMPLICAR DEMAIS O PROBLEMA

Ignorar explicações ou soluções mais simples em favor de outras mais complexas.

- **Exemplo** Você não encontra alguma coisa que perdeu em casa e acaba acusando alguém de roubo para não admitir que a guardou no lugar errado.
- **Como escapar** Use o princípio da Navalha de Occam: "Se em tudo o mais as várias explicações para um fenômeno forem idênticas, a mais simples é a melhor".

ARMADILHA 7: NÃO FOI IDEIA MINHA!

Desprezar uma ideia só porque não foi a você que ela ocorreu.

- **Exemplo** Seus filhos se recusam a fazer algo que em geral não se importariam em fazer simplesmente porque você sugeriu!
- **Como escapar** Sugira coisas de maneira que os outros acreditem que foram eles que tiveram a ideia. Se é você que não está aceitando a ideia de outra pessoa, lembre-se de que o uso inteligente de uma ideia depende da própria ideia, e não de quem a pensou primeiro. Se quiser, pode tentar adaptá-la a seu estilo de ação, para se sentir mais tranquilo.

O EFEITO DO BEBÊ ELEFANTE

As decisões que tomamos são construídas com base em uma série de crenças e suposições já existentes. Porém, se alguma delas estiver incorreta, terminamos por, artificialmente, construir um raciocínio fundamentado em regras não existentes ou acreditar que temos menos opções do que as que de fato estão disponíveis.

O QUE SEGUROU O ELEFANTE?

Havia um filhote de elefante de circo que, quando não estava no espetáculo, era mantido amarrado numa estaca. Depois de grande, o elefante podia facilmente quebrar a corrente que o prendia, ou derrubar a estaca, mas ele nunca o fez. Por quê? Quando era bem pequeno e fraco, constatou a impossibilidade de escapar do cativeiro usando a força, e esse sentimento, chamado "síndrome da impotência adquirida", o acompanhou por toda a vida.

De maneira similar, muitas vezes nos sentimos bloqueados por assumir a presença de restrições que não existem realmente. Assim como o bebê elefante, o contato com alguma restrição no passado pode resultar em bloqueios no presente, ainda que infundados.

SUPOSIÇÕES EQUIVOCADAS

Os jogos de quebra-cabeça a seguir são divertidos, mas também têm uma finalidade importante: chamar a atenção para a maneira como falsas premissas podem desviar ou impedir o conhecimento de todas as soluções possíveis. As respostas e explicações estão na página 58.

Os três elos

Um homem comprou quatro correntes de ouro para formar com elas um colar para sua esposa, mas seu orçamento é curto. Por isso, ele pede ao joalheiro que rompa e volte a juntar apenas três elos. Como fazer isso?

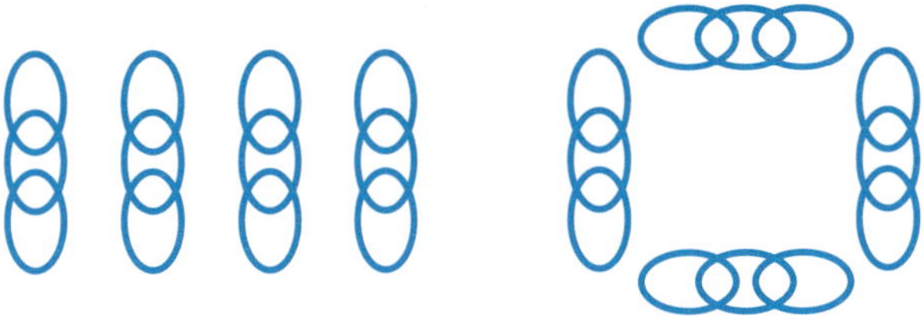

A cruz de moedas

Mova apenas duas moedas da figura abaixo, para criar uma cruz com largura e altura idênticas e que contenha todas as moedas.

1	2	3	4
5	6	7	8
9	10	11	12
13	14	15	16

O quadrado numérico

Posicione o lápis no número 1 e, sem levantá-lo do papel, desenhe uma linha contínua que passe por cada quadrado e termine no número 16. Só é permitido entrar uma vez em cada quadrado.

Os três elos

Posicione três das correntes em forma de triângulo e desfaça os elos da corrente que sobrou. Cada elo rompido deve ser conectado a uma ponta do triângulo. Achar que as quatro correntes precisam estar na posição de um quadrado para ser unidas é uma premissa falsa.

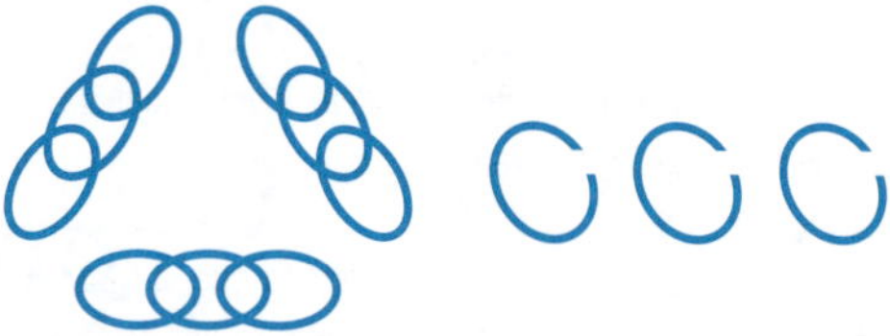

A cruz de moedas

A solução desse problema consiste em colocar uma moeda em cima da moeda do meio e mudar outra de lado. Muitas pessoas acham o exercício difícil porque pensam que todas as moedas devem ficar lado a lado.

O quadrado numérico

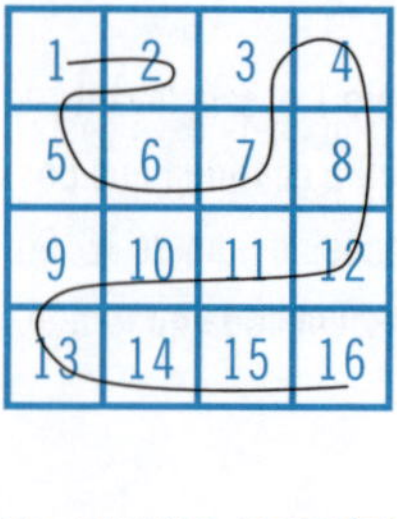

A chave está na instrução de que você pode entrar apenas uma vez em cada quadrado. Se você já começa dentro do número 1, pode entrar novamente uma vez que sair dele. Essa flexibilidade na interpretação passa despercebida pela maioria das pessoas.

TESTAR QUESTÕES

Um exercício útil para avaliar a precisão de uma suposição ou premissa é submetê-la às três questões a seguir:

* * * * *

Essa suposição tem lógica? Pode ser mantida depois de questionada?

Minha suposição é exagerada? Posso baseá-la em evidências objetivas? Estou sendo seletivo em relação às premissas que sustentam meu ponto de vista?

Minha hipótese é inflexível? Estou assumindo que, a não ser no caso de uma solução ou alternativa específica, tudo irá por água abaixo?

* * *

O exemplo a seguir mostra como essa tática funcionaria.

Você está pensando em mudar de emprego e descobriu que o problema é que se sente desmotivado e inútil. Sua hipótese é que seu chefe não gosta de você. Faça-se estas perguntas:

Essa suposição tem lógica? Meu chefe realmente não gosta de mim?

Esse sentimento de que não gostam de mim é exagerado? Qual evidência consistente tenho desse fato?

Minha hipótese é inflexível? Preciso acreditar que meu chefe deve gostar de mim o tempo todo para que me sinta valorizado e feliz?

As respostas dadas podem confirmar sua hipótese ou colocá-la em questão, abrindo novas possibilidades.

MUDANÇAS NO CONTEXTO

É importante ter em mente que os fatores presentes em uma decisão não serão os mesmos para sempre. O cenário tende a mudar com o tempo, e problemas podem aparecer ou desaparecer do dia para a noite conforme as mudanças no contexto.

ESTEJA ATENTO AO CENÁRIO

Faça uma lista das mudanças que poderiam afetar sua situação. Quais elementos de sua vida ou ambiente, se removidos ou modificados, alterariam completamente o problema e que implicações teriam essas mudanças? Quais elementos da situação se tornariam mais ou menos significativos em função do resultado?

Olhe para o horizonte. Quais pequenos elementos existem nesse momento com potencial de crescer em tamanho e influência no futuro? Dê especial atenção a elementos sujeitos a um crescimento exponencial (em tamanho ou extensão e que acarretariam um efeito "bola de neve" em pouco tempo e grande velocidade). Ao contrário do crescimento linear ou regular, o crescimento exponencial pode, rapidamente, alterar todo o contexto.

Muitas atitudes podem levar meses, anos ou até décadas para dar resultado, razão pela qual é difícil prever o futuro e planejá-lo. Um exemplo é a questão climática: como as atitudes que tomamos hoje vão alterar o mundo que deixaremos para nossos netos?

ALTERAÇÕES NA CONJUNTURA

Os exemplos a seguir ilustram como uma mudança no contexto de um problema inicialmente muito complexo pode transformá-lo em algo quase irrelevante ou trazer questões totalmente novas.

* * * * *

Em tecnologia

Imagine que você fosse o diretor da Enciclopédia Britânica nos anos 1980 e se preocupasse com os custos de impressão. Você poderia adivinhar que na década seguinte, com o CD-ROM, os custos cairiam drasticamente?

* * *

Em ciência

Durante a década de 1970, muitos cientistas expressaram a preocupação com um possível esfriamento global. Hoje, no entanto, o cenário inverteu-se e a preocupação é com relação ao aquecimento global.

* * *

Em demografia

Há pouco tempo, muitas nações europeias se preocupavam com a superpopulação. Hoje, a inquietação se deve à queda da taxa de natalidade e sua consequência direta, que é a impossibilidade de constituir uma população jovem e vigorosa suficiente para ajudar os idosos.

* * *

Na mídia

Até recentemente, grandes corporações da mídia regulavam a publicação de notícias. Muitas pessoas se preocuparam com o controle extensivo dessas organizações sobre a circulação de informação. Hoje, com o crescimento da internet, as pessoas podem publicar qualquer tipo de texto, notícia ou imagem, e já há preocupações com a regulamentação desse material.

VAI DURAR PARA SEMPRE?

Estimar quanto tempo vai durar uma situação geralmente afeta a visão do problema e suas decisões. Se soubesse, por exemplo, que há uma chance real de seus desagradáveis vizinhos se mudarem em dois anos, isso poderia influenciar sua decisão de brigar com eles. Mas é possível prever quanto tempo uma situação vai durar?

Uma perspectiva interessante sobre essa questão foi desenvolvida pelo físico americano J. Richard Gott. Em 1969, Gott visitou o Muro de Berlim (construído em 1961) e se perguntou até quando estaria de pé. O físico raciocinou que, se pudesse dividir a vida do muro em quatro quartos, haveria uma probabilidade de 50% de que ele estivesse em algum ponto dos dois quartos do meio. Baseado nessa premissa, Gott concluiu que haveria 50% de probabilidade de o muro durar de um terço a três vezes o tempo que já tinha durado (mais de dois anos e dois terços, mas menos de 24 anos). O muro foi demolido vinte anos depois, em 1989.

Gott também estimou que haveria 95% de probabilidade de que a humanidade continuasse a existir por mais 5.100 a 7,8 milhões de anos. O amplo intervalo de tempo determinado por ele faz a previsão ter grande probabilidade de se cumprir. Quanto maior a certeza buscada, mais amplo será o intervalo de tempo para que se cumpra.

ESCOLHA UM TEMPO, A QUALQUER MOMENTO...

Você pode usar o Calculador de Duração da próxima página, baseado na fórmula de Gott, para prever aproximadamente quanto tempo uma situação vai durar, contando apenas com a idade de seu objeto.

Para que o cálculo funcione, não pode haver nada de especial a respeito do ponto de partida. Você não pode, por exemplo, usar o cálculo para prever a duração do casamento de um amigo *no momento do casamento*, porque está num ponto determinado: o início. O cálculo tampouco é realista para coisas que têm uma duração média estabelecida, como a vida humana. Ele também funciona melhor em tempos de curta duração. Períodos de tempo de algumas décadas, ou mais longos (como a existência da humanidade calculada por Gott), produzirão intervalos impraticáveis.

Outras situações às quais a fórmula pode ser aplicada:

- Por quanto tempo mais seu carro continuará funcionando?
- Quanto tempo mais funcionará a empresa em que você trabalha?
- (E uma para divertir-se) Por quanto tempo o filme ou livro que está em primeiro lugar na lista dos mais vistos/vendidos continuará no topo?

Embora não tenha uma precisão absoluta, a técnica pode fornecer uma visão diferente e influenciar o processo decisório.

CALCULADOR DE DURAÇÃO

O cálculo proposto fornece uma rápida estimativa de quanto tempo uma situação ou objeto pode durar, com 60% de probabilidade de estar correta.

Estabeleça há quanto tempo (em semanas, meses ou anos) seu objeto ou situação já existe.

- Multiplique por quatro para estabelecer o maior tempo possível de duração.
- Divida por quatro para estabelecer o menor tempo possível que ainda lhe resta de existência ou funcionamento. O intervalo entre os dois é a estimativa.

CAPÍTULO 4

TOMAR DECISÕES

Ser decidido e ser eficiente caminham juntos. Depois de identificar as opções disponíveis em relação a um problema, ponderá-las e examiná-las sob diferentes pontos de vista, é possível reunir todas as informações necessárias para se tomar uma decisão. Este capítulo apresenta algumas técnicas precisas e efetivas para auxiliá-lo a encontrar as diferentes opções que uma situação oferece.

Tomar uma decisão também envolve riscos. Todos nós agimos de forma diferente diante da possibilidade de insucesso na resolução de um problema, e este capítulo oferece exercícios que podem ajudá-lo a identificar sua maneira particular de abordar uma situação. Também fornece dicas de como eliminar possíveis desvios do pensamento e como usar melhor a informação de terceiros.

AVALIAR OPÇÕES

Há um estágio do processo decisório em que há mais de uma opção e é preciso escolher. As próximas páginas apresentam técnicas para confrontar as opções em busca da melhor decisão.

PRÓS E CONTRAS

Um dos próceres da fundação dos Estados Unidos, Benjamin Franklin, inventou o método talvez mais famoso para tomar decisões. Faça uma lista dos prós e contras de cada opção. Vê-los discriminados no papel ajuda a avaliar a importância relativa de cada um. É possível ir além: dê uma nota para cada pró e cada contra de uma opção e some os números para ter a pontuação total dela. Depois, confronte-a com a pontuação total de outras opções (ver pp. 70-71).

PROVÁVEL VERSUS DESEJÁVEL

A forma mais precisa de avaliar as diversas opções disponíveis é classificar o possível resultado de acordo com dois fatores: a probabilidade de ele se concretizar e o grau que se deseja que isso aconteça.

1 Classifique cada opção de 0 a 100, com base na estimativa de probabilidade de que ela se concretize (0 seria "quase impossível"; 50 representa probabilidades iguais de ela ocorrer ou não; e 100, o "praticamente inevitável").

2 Em seguida, avalie o grau de desejabilidade de uma opção com uma escala que começa em -7 e vai até +7 (sendo 0 a posição neutra).

3 Multiplique esses dois números um pelo outro (provável × desejável) para ter o resultado da "atratividade" da opção.

A técnica da "atratividade" é mais útil na comparação de opções em que os prós e os contras estão relativamente balanceados: os resultados podem ser desejáveis, *mas* improváveis, ou não desejáveis, *mas* prováveis.

Suponha que você precise encontrar um mestre de cerimônias para um jantar de caridade. Se convocar muitas pessoas, isso talvez resulte em mais de uma aceitação, o que seria embaraçoso. A tabela abaixo mostra como trabalhar a atratividade de três opções, baseada na probabilidade de essas pessoas estarem disponíveis e na desejabilidade de cada uma.

	Glória Estrela	Tony Milionário	Senador Sensato
Probabilidade	70	30	80
Desejabilidade	3	6	-1
Atratividade	210	180	-80

Você pode comparar os resultados dos cálculos de diversas opções numa escala de atratividade, como a mostrada abaixo.

Escala de atratividade

ÁRVORE DA DECISÃO

A árvore da decisão é uma forma de diagrama construída a partir dos diferentes caminhos de uma ação e seus significados. É semelhante ao diagrama de soluções (ver p. 42), mas, em vez de representar as possíveis opções a um problema, ilustra os resultados de cada uma.

DESENHAR UMA ÁRVORE DA DECISÃO

Cada decisão tomada gera consequências e abre novas possibilidades. Ao traçar o curso dessas ações em forma de um diagrama com galhos, é possível enxergar as relações entre elas e os resultados que podem engendrar. A título de exemplo, imagine que você é o presidente de uma empresa e tem a opção de contratar um excelente diretor de vendas que pode ou não ter cometido uma fraude; a árvore da decisão ressalta algumas soluções possíveis, caminhos e resultados.

Os dois galhos principais da árvore representam as duas opções: contratar o diretor de vendas ou não. Os ramos a partir de cada galho principal mostram as consequências de cada escolha.

Se você o empregar, talvez ele se revele, de fato, uma pessoa desonesta, ou não. Se for realmente um trapaceiro, há duas possíveis consequências: ele vai enganá-lo, ou não (dois outros ramos). Caso se recuse a admiti-lo, serão duas as consequências: nada mudará (a empresa seguirá como antes) ou outra empresa rival poderá contratá-lo e acirrar a competição previamente existente.

COMPARAR POSSÍVEIS RESULTADOS

Cada consequência foi marcada com um índice de probabilidade (P) e de desejabilidade (D). Note que os índices de probabilidade nos ramos de cada galho principal devem somar no máximo 100.

Para cada desfecho possível, multiplique o índice de probabilidade pelo de desejabilidade e obtenha um índice geral. (Por exemplo, o índice geral para "ele se revela uma pessoa desonesta" seria 25 × -7 = -175.)

Some os índices gerais para cada alternativa principal e compare os resultados. Nesse exemplo, o total do galho "contratar" é 300 (-175 + 125 + 350), e o total da opção "não contratar" é -250 (-250 + 0), de modo que a opção de contratar o diretor de vendas é claramente a melhor. No entanto, se os índices fossem diferentes – por exemplo, se a probabilidade de o homem ser desonesto fosse maior, "não contratá-lo" acabaria sendo a melhor opção.

Árvore da decisão

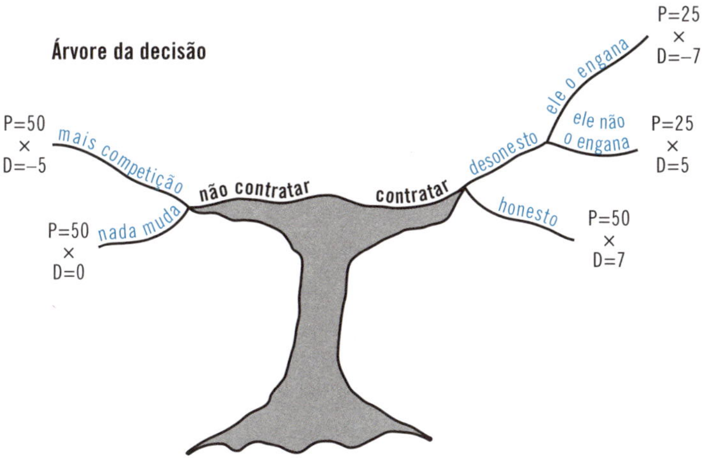

ESFORÇO E RETORNO

Outra forma de explorar a gama de opções e decidir qual objetivo seguir é avaliar o esforço necessário *versus* a possibilidade de retorno de cada uma. Um método útil para ponderar alternativas nessa perspectiva é uma adaptação da Matriz de CARVER, técnica originalmente usada por estrategistas militares.

ADAPTAR A MATRIZ DE CARVER

A matriz original foi desenhada para auxiliar as forças militares a selecionar os melhores alvos a ser atacados. No entanto, você pode usar essa técnica para fins cotidianos, como uma ferramenta para selecionar qual é a melhor alternativa entre várias.

CARVER é um acrônimo para:

Crítica: é fundamental perseguir esse objetivo?
Acessibilidade: qual é o nível de facilidade para alcançar essa meta?
Reconhecimento: é fácil obter informação sobre seu objetivo e reconhecer que você se tornou vulnerável no caminho para alcançá-lo?
Vulnerabilidade: seu alvo é fácil de ser atingido? Quanto menos força ou energia forem necessárias para superar o desafio, maior será a vulnerabilidade do alvo.
Efeito: que efeito geral teria em sua vida se alcançasse a meta?
Recuperação: se você falhasse, quanto representaria a perda de tempo e energia antes de partir para uma nova tentativa?

USAR A MATRIZ

Desenhe uma tabela como a que segue abaixo, com uma lista de possíveis metas no lado esquerdo e cada ponto da Matriz de CARVER no topo da tabela. Se algum dos critérios for irrelevante para sua grade de objetivos, deixe-o de lado. Em seguida, para cada meta, considere cada um dos seis pontos da Matriz de CARVER e classifique-os entre -7 e +7. Preste especial atenção aos itens V (vulnerabilidade) e R (recuperação). Para esses aspectos, caso necessitem de muita energia para ser contemplados, classifique-os para baixo (porque um contratempo envolveria grande perda de energia e esforço, o que é indesejável). Se exigirem pouco investimento, atribua-lhes notas altas (pois aqui os custos seriam baixos em caso de insucesso).

Trabalhe uma linha toda por vez e preencha cada item da Matriz CARVER para cada objetivo.

No exemplo abaixo, Ricardo precisa decidir-se por uma das três alternativas: aposentar-se mais cedo, mudar de empresa ou almejar o posto de seu chefe. Sua matriz terminou da seguinte maneira:

	C	A	R	V	E	R	Total
Aposentar-se	-4	5	7	5	-1	3	15
Mudar de emprego	5	2	3	2	7	-5	14
Posto do chefe	4	-1	6	3	6	-2	16

De acordo com a tabela, almejar o posto do chefe, com pontuação total de 16, é a melhor decisão a ser tomada.

SEU ESTILO DE TOMAR DECISÕES

Além de considerar os fatores práticos, como probabilidade e retorno, é preciso levar em conta seu estilo pessoal de lidar com situações problemáticas ou decisórias. Seu perfil, e em particular seu apetite por riscos, pode ter um peso maior na hora de escolher.

COMO VOCÊ LIDA COM OS RISCOS?

Imagine-se em cada uma das situações a seguir e pense na sua reação. Em seguida, vá para as páginas 74-5 e descubra seu estilo de lidar com riscos.

Situação 1

Um amigo recomendou um investimento de alto retorno, mas também de alto risco. Na primeira aposta, o lucro é excelente, então você investe o montante numa segunda aposta, que também é promissora. Em seguida, você...

A investe todo o lucro numa terceira rodada;

B para por aí;

C investe metade dos lucros numa terceira rodada – porque poderia ganhar mais, mas, em caso negativo, ainda teria algo para guardar

Situação 2

O dia está lindo, mas a previsão do tempo é de chuva. Como você terá um dia ocupado e passará muito tempo andando a pé com a pasta e o notebook, carregar um guarda-chuva e uma capa seria um estorvo. Você...

A deixa a capa e o guarda-chuva para trás e confia em que o bom tempo permanecerá por todo o dia?

B leva o guarda-chuva *e* a capa, pois é melhor garantir que se arrepender?

C leva apenas o guarda-chuva, pois embora seja algo mais para carregar, garante certa proteção em caso de chuva?

Situação 3

Você é dono de uma lanchonete popular. O proprietário de outro negócio local combinou verbalmente com você que gostaria de comprar o almoço diária de todos os funcionários da empresa dele diretamente de sua lanchonete, desde que você pudesse oferecer o serviço imediatamente. Mas, para atendê-lo, é preciso empregar mais gente, ainda que o pedido não se materialize – o que poderia deixá-lo endividado. Você...

A contrata alguém, para estar disponível se fechar o contrato;

B espera até assinar o contrato para contratar alguém;

C admite um funcionário por meio período, para poder dar conta do contrato, se assiná-lo, mas sem correr o risco de ter a despesa pendente de um funcionário em jornada completa.

Situação 4

Você precisa vender sua casa rapidamente porque vai mudar de cidade. Arcar com aluguel sem antes vender seu imóvel atual iria custar-lhe muito dinheiro. Alguém lhe faz uma oferta imediata e não negociável, mas o valor é menor do que você esperava. Você:

A rejeita a oferta na esperança de que algo melhor apareça em breve;

B aceita a oferta imediatamente;

C tenta manter o comprador interessado para ganhar tempo enquanto espera uma oferta melhor.

RESULTADO DAS RESPOSTAS

Se você escolheu mais letras A do que B ou C, você é um Jogador.
Se você escolheu mais letras B do que A ou C, é um Banqueiro.
Se você escolheu mais letras C do que A ou B, é um Investidor.

Jogador

Os jogadores tendem a almejar sempre os maiores ganhos possíveis e estão dispostos a correr os riscos necessários. Têm uma atitude empreendedora diante da vida e se mostram sempre otimistas em relação às chances de sucesso.

Recomendações aos jogadores:

- checar as informações (não ser vítima do excesso de otimismo);
- ter um bom seguro para ressarcir-se em caso de grandes perdas;
- cuidado para não cair na "falácia do jogador" (ver p. 81).

Banqueiro

O banqueiro, ao contrário do jogador, em geral tem aversão a riscos – evitá-los é sua maior preocupação. Ele gosta de manter o controle em situações de risco e o crescimento lento, mas estável, ao longo do tempo.

Recomendações aos banqueiros:

- não sejam cegos para as oportunidades;
- cuidado para não analisar muito lentamente situações que pedem respostas rápidas;
- lembrem-se da máxima: "É melhor se arrepender do que fez do que se arrepender do que deixou de fazer".

Investidor

Os investidores tomam decisões intermediárias, tentando manter-se entre o risco e a segurança. Querem minimizar o risco de grandes perdas e, ao mesmo tempo, buscar oportunidades. Saem-se bem em situações incertas.

Recomendações aos investidores:

- ao adotar a estratégia de se manter no meio do caminho entre os outros dois tipos, leve em consideração as recomendações feitas aos dois.
- cuidado: não fique em cima do muro ou paralisado pela indecisão.

Para aproveitar ao máximo seu estilo de tomar decisões, leve sempre em consideração os prós e os contras. Para algumas situações, pode ser útil, inclusive, experimentar abordagens diferentes do seu estilo usual.

ENTENDER OS RISCOS

Ao tentar avaliar um risco, nem sempre pensamos de maneira racional. Temos certas respostas programadas no cérebro por costume ou hábito, o que nos apressa a decidir sem antes analisar os fatores em jogo, levando a equívocos no presente.

FATOS VERSUS SENTIMENTOS

É necessário avaliar riscos de forma precisa, com base em informações suficientes. É o que fazem as empresas de seguros, que tentam reunir o máximo de dados relacionados a uma possível eventualidade.

Contudo, todo risco tem um aspecto emocional, equivalente a quanto uma pessoa se sente em risco. As reações emocionais são o fundamento de algumas suposições básicas nem sempre válidas, como as que seguem abaixo, consideradas bastante frequentes:

	Superestimamos o risco de, ou tememos irracionalmente ameaças que:	**Subestimamos o risco de, ou somos complacentes em relação a ameaças que:**
1	são novas e/ou raras	são familiares ou existem há muito tempo
2	são causadas por outras pessoas	têm causas naturais
3	estão fora de controle ou nos são impostas	podemos controlar ou escolher
4	não trazem nenhum benefício	trazem benefícios ou retornos
5	são espetaculares e/ou dramáticas	parecem corriqueiras

Dado que essas falácias muitas vezes guiam nossos pensamentos, mesmo quando estamos operando com o radar da consciência ligado, é surpreendente como temos uma visão distorcida de um risco que corremos. Por exemplo, embora estatisticamente seja mais provável morrer por intoxicação alimentar ou acidente de carro, em geral temos mais medo de acidente de avião ou de ataque terrorista, pois, embora menos prováveis, são mais dramáticos. Os aviões raramente caem, mas figuram como altamente perigosos em nossa mente porque essa ameaça engloba os itens 3, 5 e às vezes 2 da coluna à esquerda na tabela.

MAIS OBJETIVIDADE

Estar atento a essas suposições falaciosas pode ajudar a evitá-las.

Sempre que quiser evitar um risco, cheque os itens do lado esquerdo da tabela da página anterior. Se a razão do temor abarcar um ou mais desses itens, verifique se sua decisão está sendo tomada de forma racional e se faz sentido.

Da mesma maneira, se for **assumir** o risco de alguma decisão ou atividade, coteje os pontos listados na coluna direita da tabela para se certificar de que o risco não está sendo subestimado.

RISCO VERSUS BENEFÍCIO

Outra forma de pensar os riscos é avaliar em termos de perdas e ganhos. De maneira simplificada, se todo o resto parece equilibrado, quando deparamos com uma perda pequena, mas certa, e uma grande, mas incerta, tendemos a escolher a última, embora nem sempre seja prudente agir desse modo. No entanto, quando se trata de ganhos, preferimos garantir um pequeno retorno a arriscar um grande, porém incerto.

A razão por trás desse raciocínio aparentemente ilógico provavelmente vem de dois hábitos comuns de pensamento. A tendência otimista nos leva a acreditar que estamos menos sujeitos ao sofrimento que os outros. Também costumamos valorizar os benefícios do "aqui e agora" em detrimento daqueles que exigem investimentos no futuro, mesmo que sejam mais compensadores e interessantes.

RISCO RELATIVO VERSUS RISCO ABSOLUTO

Outro fator que pode influenciar nossa percepção do risco é a ausência de um termo de comparação. Imagine um medicamento novo que pode triplicar a possibilidade de um efeito colateral grave. Assim, ele apresenta um alto risco e não é recomendável. Esse é o risco avaliado em termos relativos (o risco de complicação sobe 300%).

O risco absoluto, no entanto, tende a ser relativamente mais baixo. Se a probabilidade de desenvolver alguma complicação era de apenas 0,5% inicialmente, com o novo medicamento triplica, e sobe para 1,5%. Em termos absolutos, portanto, o novo medicamento apresenta apenas 1% de probabilidade a mais de causar qualquer problema.

RISCO CUMULATIVO VERSUS RISCO NÃO CUMULATIVO

Além do nível de risco relativo e absoluto, também é preciso ter em mente um possível efeito cumulativo. Assumir uma atividade de baixo risco de maneira regular, por um longo período, pode representar mais risco do que assumir uma atividade de alto risco uma ou algumas vezes de forma isolada. Por exemplo, fumar a longo prazo é mais nocivo do que fumar casualmente. Preste mais atenção sobretudo em atividades que parecem de baixo risco se empreendidas uma ou outra vez, mas que ao longo do tempo podem tornar-se de alto risco por efeito cumulativo, o que estaria entre as categorias de riscos subestimados na tabela da página 76.

DESTINO OU SORTE?

Com o passar do tempo, o cérebro humano tornou-se um sofisticado dispositivo de identificação de princípios, padrões e critérios. Essa habilidade era tão importante para nossos ancestrais que eles preferiam ver indícios até onde não havia o risco de deixar passar qualquer sinal de perigo – o famoso instinto de sobrevivência. Hoje, contudo, esse mecanismo de resposta pode fazer com que vejamos até coisas que não existem.

O cérebro é "treinado" para identificar princípios e regras que coloquem "ordem no caos", e esse processo introduz critérios e princípios no subconsciente que são acionados sempre que avaliamos riscos e benefícios. Um dos exemplos mais explícitos desse processo são os jogos de azar, quando as pessoas interpretam uma sucessão de vitórias puramente casuais como uma "onde de sorte" e continuam jogando. Como evitar essas suposições falaciosas em processos de decisão é o tema das próximas páginas.

> "O discernimento vem da experiência, e a experiência vem da falta de discernimento."
>
> Simón Bolívar (1783-1830)

QUANDO JOGAR A MOEDA

A visão dos riscos e benefícios também é influenciada pela compreensão – ou falta de – do que é acaso. É preciso ser cuidadoso para não ver uma "maré de sorte" onde não existe; porém, quando é muito difícil fazer uma escolha em simples termos de "isso" ou "aquilo", confiar no acaso pode ser uma eficiente forma de agir.

O ALEATÓRIO VERDADEIRO

Escolha um número de 1 a 10. Há mais probabilidade de você ter escolhido um número ímpar, e mais ainda de ser o número 7. Esse é o número mais escolhido. Se a escolha fosse realmente aleatória, a estatística seria a mesma para números pares e ímpares, e 1, 3, 5 e 9 seriam tão populares como o 7. Esse teste simples mostra como incorporamos mecanismos que estabelecem critérios, até mesmo quando fazemos escolhas abstratas e sem relação alguma com qualquer critério prático.

Assim, quando tiver de escolher entre duas opções igualmente atraentes, a melhor estratégia é jogar uma moeda. A probabilidade de sair cara ou coroa é de 50%-50% a cada vez que é jogada (presumindo-se que a moeda não tenha sido "adulterada"...).

Jogar uma moeda também pode ser uma forma mais sutil de influenciar uma decisão. No breve momento entre o lançamento e o resultado, certamente você terá pelo menos uma pontinha de esperança de que ela caia de um determinado lado! A reação, mais do que o próprio ato de jogar a moeda, vai dizer qual a opção que você realmente prefere – eventualmente você poderá até ignorar o resultado da moeda.

A FALÁCIA DO JOGADOR

Perante um risco aleatório, como perder dinheiro em um jogo de azar, as pessoas tendem – incorretamente – a interpretar o resultado como uma onda de sorte ou azar, e com isso antecipar se a "sorte" está para mudar. Essa crença é chamada de "falácia do jogador". Sem dúvida, em situações em que o resultado não depende de fatores aleatórios, habilidades, viradas de sorte, derrotas ou vitórias podem ser conceitos úteis, mas, em situações em que claramente os dados são aleatórios, é necessário tomar cuidado com a "falácia do jogador"!

A REGRA DOS 30

Como saber se determinados resultados alcançados são decorrentes do acaso ou de outros fatores, como a habilidade? Tentar um mesmo caminho de ação trinta vezes pode dar uma boa indicação. Após trinta tentativas em relação a um objetivo (como procurar um trabalho) ou trinta opiniões consistentes sobre alguma ideia, é possível saber se suas atitudes têm potencial. Rodadas de bons ou maus resultados ajudam a descartar qualquer elemento do acaso.

JOGAR DADOS

Um best-seller surpreendente da década de 1970, *O homem dos dados*, de Luke Rhinehart, provocou uma moda curiosa: tomar decisões jogando dados. Seus adeptos afirmam se sentir mais vivos e estimulados pela forte imprevisibilidade do método, além de menos responsáveis e pressionados no momento de tomar uma decisão, pois ficam mais livres para agir à sua maneira.

TOMAR DECISÕES EM GRUPO

Processos decisórios realizados em grupo combinam a experiência e a inteligência de muita gente, o que pode ter vantagens e desvantagens. As informações a seguir mostram quando é mais apropriado envolver mais pessoas em uma decisão e como tirar o máximo proveito dessas situações.

OS BENEFÍCIOS

Em geral, as decisões em grupo tendem a ser melhores que as individuais. A inteligência da natureza não provém de apenas um ser – os insetos sociais, como as formigas, podem parecer insignificantes como indivíduos, mas têm um comportamento inteligente ao trabalhar em grupo.

Os grupos estão menos sujeitos a perder alguma informação, pois têm mais olhos e orelhas do que uma pessoa só, e os erros individuais e as opiniões extremistas são neutralizados. Isso é particularmente eficaz para estimativas de quantidades e valores (ver o quadro abaixo). As economias de mercado aproveitam esse potencial deixando que os consumidores determinem o valor das mercadorias.

MÉDIA RAZOÁVEL

Se um pote de balas de goma for colocado em frente a uma multidão e for pedido a cada pessoa que faça uma estimativa de quantas balas há no recipiente (sem saber as hipóteses dos outros), a média das estimativas se mostrará surpreendentemente precisa: os enganos (os extremos em ambas as direções) tendem a se anular uns aos outros.

A TÉCNICA DELPHI

Este método de fazer previsões foi desenvolvido nas décadas de 1950 e 1960 e se mostrou bastante eficiente ao combinar os melhores julgamentos individuais e grupais. Cada participante do grupo de especialistas preenche – sem se identificar – um questionário com suas previsões. Os resultados são reunidos e então recolocados à disposição de cada indivíduo para que reconsidere suas avaliações.

AS DESVANTAGENS

Decidir em grupo elimina ou enfraquece a carga de responsabilidade individual. Se a tarefa exige responsabilidade, é mais indicada a atribuição individual. Por exemplo, em caso de uma emergência em público, em vez de gritar por socorro, é mais seguro abordar diretamente um transeunte.

A diminuição da responsabilidade pode levar os membros do grupo a sustentar opiniões extremas. Os psicólogos chamam a isso de "desvio para o risco", que faz as pessoas mais moderadas do grupo assumirem que seus colegas têm opiniões mais extremistas e se adequarem nessa direção. O "desvio conservador" também é possível. Assim, as decisões tomadas em grupo tendem a ser mais ousadas ou mais conservadoras.

Atividades criativas, como projetar um prédio ou realizar um filme, podem funcionar muito bem em grupo – apesar do perigo de outro fenômeno chamado *design by committee* [desenhado por todos], em que a visão de cada um leva à inconsistência lógica e à falta de unidade. Nesses casos, é melhor ter apenas uma pessoa gerenciando a atividade. Por exemplo, se seu escritório precisa de um novo design interior, você pode pedir para um grupo fazer o *briefing* ou deixar o comando das decisões criativas para quem demonstrar o melhor tino para decoração.

A COMPETIÇÃO E A TEORIA DOS JOGOS

A competição cara a cara com outras pessoas pode consumir a energia necessária para perseguir metas próprias. Uma abordagem mais eficiente é procurar entender as atitudes mais frequentes das outras pessoas e adaptar suas responsabilidades a elas. Essa estratégia vem sendo estudada em um ramo da matemática chamado "teoria dos jogos". O que se segue são três aspectos dessa ideia.

QUANDO POSSÍVEL, PROCURE COOPERAR

Em geral, competições levam a "quedas de braço" em que os dois lados se esforçam para manter-se em pé, ainda que um jamais ganhe vantagem em relação ao outro. A teoria dos jogos prevê que, sempre que possível, é melhor cooperar e colaborar para construir uma relação duradoura e mutuamente benéfica entre os indivíduos envolvidos. Entretanto, se alguém parece desesperado para interagir com você, é melhor se perguntar se você não está em posição desvantajosa.

ENCONTRAR A ESTRATÉGIA DOMINANTE

Você deixou para a última hora o presente de aniversário de sua mãe. Sua irmã também está comprando um presente para ela nesse momento, mas você não consegue contatá-la. Então, é preciso escolher entre um perfume específico e uma saia nova. Se você e sua imã comprarem a saia, sua mãe poderá devolver uma das duas e pedir reembolso ou trocá-la por outra coisa. Se vocês dois levarem o perfume, você sabe que a loja não aceita trocas. Dessa forma, não importa o que sua irmã compre, a saia é sua estratégia dominante, a melhor atitude a ser tomada.

ELIMINAR AS ESTRATÉGIAS MAIS FRACAS

Nas situações em que a estratégia dominante parece não estar clara, analise os fatos na direção oposta: identifique e elimine, uma por uma, as estratégias que parecem mais inadequadas, até chegar à menos convincente.

O DILEMA DO PRISIONEIRO

A polícia colocou um ladrão e seu comparsa em celas separadas e ofereceu a cada um as seguintes opções: confessar e ser liberado; não confessar e, caso o parceiro o faça, ser condenado a dez anos de prisão; os dois confessam e pegam dois anos de prisão cada um. As evidências são fracas e o prisioneiro sabe que, se os dois ficarem em silêncio, receberão uma sentença de no máximo seis meses cada um. A tabela a seguir mostra como o prisioneiro pode resolver seu dilema:

	Fico em silêncio	**Confesso**
Meu comparsa fica em silêncio	Cumprimos seis meses	Sou liberado e ele cumpre dez anos
Meu comparsa confessa	Cumpro dez anos e ele é liberado	Os dois cumprem dois anos

A situação ideal seria os dois ficarem em silêncio; mas, se o prisioneiro não pode confiar totalmente em seu comparsa, corre o risco de ser condenado a uma sentença de dez anos se ficar calado; então, a melhor opção é confessar. Essa situação mostra claramente como a melhor alternativa é formar alianças cooperativas.

INTERLÚDIO
LIÇÕES DO PASSADO

A história mostra muitos exemplos de decisões ruins e trágicas, incluindo algumas que acarretaram a perda de muitas vidas. No entanto, ao longo do caminho sempre houve ocasiões em que os equívocos menores foram vistos pelo lado do humor. A seguir, apresento algumas e as lições que podemos tirar delas.

OPORTUNIDADES PERDIDAS

O poder do vapor era conhecido pelos romanos, embora eles nunca tenham usado seu potencial industrial para acumular riquezas. Em vez disso, empregavam esse recurso como novidade, em abridores de portas ou berrantes movidos a vapor. Se tivessem levado essas ideias mais a sério, a Revolução Industrial poderia ter acontecido quase um milênio antes e proporcionado aos romanos um incrível poder financeiro. Alguns argumentam que a facilidade da mão de obra escrava naqueles tempos impedia os romanos de enxergar o potencial das máquinas a vapor.

Em 1667, os holandeses aceitaram dos ingleses uma pequena ilha de especiarias, chamada Pulau Run, em troca de Manhattan, num acordo que ficou conhecido como "o pior negócio da história". As especiarias, em especial a noz-moscada, eram "bens" de luxo e extremamente lucrativos na época, e Pulau Run, praticamente a única fonte de noz-moscada, foi uma grande aquisição. Contudo, os holandeses não levaram em consideração dois aspectos: um comandante holandês, em um ato de sabotagem, já tinha chegado à ilha e cortado todas as árvores da especiaria; em segundo lugar, a noz-moscada mostrou-se facilmente cultivável em outros lugares. Por outro lado, apesar de terem ganhado Manhattan, os ingleses conseguiram mantê-la por apenas um século.

Moral: As decisões ruins podem ser resultado da falta de valorização daquilo que temos.

FALSAS EXPECTATIVAS

Às vésperas do ano 1000, muitas pessoas na Europa acreditavam que o fim do mundo estava próximo. De acordo com alguns documentos, passaram os meses precedentes à virada do milênio se desfazendo de suas possessões e se automortificando na preparação para a vida após a morte.

Hoje pode soar engraçado, mas na virada para o ano 2000 esse tipo de comportamento se repetiu em uma escala ainda maior com o "bug do milênio". Acreditava-se que a marcação do tempo dos computadores ficaria confusa porque os anos já não começariam com 19 –, levando as máquinas ao colapso. Muitos diriam – depois da virada – que a fantástica soma de dinheiro gasta pelos governos para que as empresas se preparassem para a ameaça foi desnecessária. Essa afirmação baseava-se no fato de que outros setores, incluindo pequenos negócios, escolas e até países como a Itália, não sofreram nenhum tipo de complicação com a virada do relógio à meia--noite do dia 31 de dezembro de 1999. (Ver a seção "Entender os riscos", na página 76, sobre como tendemos a nos sentir ameaçados por situações que envolvem fatores dramáticos, como desastres.)

Moral: O pânico e o medo do desconhecido podem levar a um frenesi de trabalho desnecessário.

DETALHES IGNORADOS

Em 1962, a primeira nave interplanetária do mundo, Mariner 1, falhou quatro minutos após a decolagem. Se não fosse pela nave substituta, Mariner 2, o incidente teria colocado um fim prematuro no programa de exploração espacial da Nasa. A falha que inviabilizou o projétil de 80 milhões de dólares foi o esquecimento de um simples hífen no software que a controlava.

Um engano similar, mas que custou ainda mais, ocorreu anos depois, em 1999, no lançamento do satélite militar Milstar. A espaçonave também falhou logo após o lançamento e foi parar numa órbita incorreta e inútil. O problema resultou da má colocação de um ponto decimal no software do foguete. Esse erro insignificante provocou o fracasso de uma missão que custara 1 bilhão de dólares.

Moral: Se um detalhe ou passo em direção a um grande objetivo for mal planejado, isso pode afetar todo o processo e acarretar um fracasso.

DELÍRIO COLETIVO

Quando a tulipa foi introduzida na Europa, em meados do século 16, logo se tornou popular, sobretudo entre as classes mais altas, que passaram a colecionar espécies raras. No início do século 17, a competição pelo bulbo dessa planta tornou-se tão intensa na Holanda que passou a ser comercializada na bolsa de valores, e seu valor equivalia à média do que ganhava um holandês em sete anos. Com o rompimento da bolha especulativa em 1637, muitos perderam tudo com a ávida especulação. Esse efeito da "bolha especulativa" é particularmente associado a uma aventura fracassada quase um século depois. A Companhia South Sea garantiu um monopólio comercial com a América do Sul e em seguida expandiu seus interesses, contraindo um grande empréstimo com o governo. A excitação do comércio com o Novo Mundo, combinada à segurança proporcionada pelos lucros regulares do dinheiro estatal, levou os investidores a um frenesi. As ações da empresa tiveram seu valor multiplicado por dez em apenas um ano. Logo em seguida, porém, os preços entraram em colapso e muita gente foi à falência com o evento conhecido como "a bolha da South Sea". Isaac Newton, que perdeu 20.000 libras esterlinas com a bolha especulativa, teria comentado: "Posso calcular o movimento das estrelas, mas não a loucura do homem."

Moral: A maioria pode estar errada. Há mais informações sobre "pensamento coletivo" na página 53, e sobre decisões em grupo nas páginas 82-83.

CAPÍTULO 5

LIDAR COM O ESTRESSE E AS EMOÇÕES

Muitas pessoas acreditam que as emoções são o oposto do pensamento claro e racional necessário nos processos de tomada de decisão. Contudo, a verdade é que, enquanto a cabeça e o coração parecem apontar para direções diferentes, em geral usamos os dois orquestrados sempre que estamos diante de uma escolha. Este capítulo mostra como você pode acentuar os melhores aspectos de seu lado emocional e potencializar sentimentos positivos para que auxiliem na busca do objetivo almejado. No entanto, em alguns casos, fazer novas escolhas pode significar sair de uma zona de conforto e abraçar outras formas de comportamento, o que pode causar ansiedade. Aqui você aprenderá como lidar com o estresse e com emoções negativas, como a preocupação.

COMO DESCOBRIR SEU TEMPERAMENTO

O temperamento refere-se às partes da personalidade comandadas por respostas emocionais. Compreender as reações arraigadas que temos diante de certas situações ajuda a potencializar nossas qualidades e superar bloqueios mentais ao tomarmos uma decisão ou atitude.

OS TRAÇOS EMOCIONAIS

As respostas emocionais relacionam-se a alguns aspectos que variam de pessoa para pessoa: dependem da sensibilidade do sistema nervoso e do grau de controle do cérebro sobre as reações. O exercício da página seguinte pode identificar seu tipo de temperamento. Classifique cada afirmação numa escala de 1 (totalmente falso) a 7 (verdadeiro) e anote as respostas nos quadrados brancos.

Para um resultado mais preciso, realize o teste em três dias e depois faça uma média da pontuação: some os resultados de cada dia e divida-os por três. Tenha ainda em mente que, como adulto, seu temperamento natural pode ser obscurecido por outras características da personalidade e demandas da vida e dos relacionamentos. Portanto, talvez seja interessante imaginar como responderia se fosse criança. Ou então peça a três pessoas que o conhecem bem que realizem o teste e faça uma média com os resultados delas. A pontuação mostrará onde você se situa nas duas escalas que os psicólogos chamam de "traços". O número da primeira coluna se refere à excitabilidade corporal (EC) e o da segunda, à inibição cortical (IC).

Às vezes, fico deprimido sem razão aparente.		
Gosto de vida social.		
Geralmente me preocupo com coisas que fiz ou disse e com a impressão que produziram nos outros.		
Sou facilmente irritável.		
Pessoas que me conhecem há pouco dizem que falo bastante.		
Meus sentimentos são facilmente feridos.		
Quando conheço pessoas novas, geralmente elas dizem que sou bem animado.		
Costumo ter reações emocionais muito fortes e meu humor muda bastante durante o dia.		
Sou capaz de relaxar e me divertir numa festa.		
Sinto-me motivado a conhecer pessoas novas.		
Some os resultados de cada coluna e divida por 5		
	=EC	=IC

O resultado de **EC (excitabilidade corporal)** mostra o grau de sensibilidade do sistema nervoso simpático. Um índice alto significa alta suscetibilidade a emoções.

O resultado de **IC (inibição cortical)** sinaliza o grau de capacidade do córtex de inibir o comportamento. Em essência, um alto índice de IC revela uma pessoa extrovertida e desinibida, e um índice baixo representa timidez, controle e introversão. Mas esses resultados dependem, em certa medida, da situação em que a pessoa se acha. Por exemplo, alguém pode ser expansivo com os amigos, porém reservado no trabalho ou entre estranhos.

TRAÇOS E TEMPERAMENTO

Com a combinação dos resultados da página anterior, você pode identificar em qual dos quatro temperamentos básicos se encaixa. No quadro abaixo, marque o resultado de EC e de IC nas linhas correspondentes e depois junte esses dois pontos com uma linha reta. O quadrante que for cruzado pela linha indica seu temperamento.

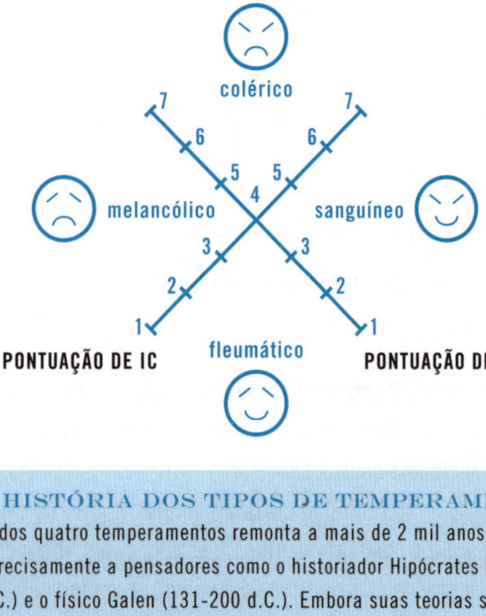

A HISTÓRIA DOS TIPOS DE TEMPERAMENTO

A idea dos quatro temperamentos remonta a mais de 2 mil anos atrás, mais precisamente a pensadores como o historiador Hipócrates (460-370 a.C.) e o físico Galen (131-200 d.C.). Embora suas teorias sobre as causas do temperamento estivessem equivocadas (eles pensavam que se devia aos fluidos do corpo), suas descrições de cada tipo, baseadas em observações empíricas, são bastante compatíveis com as evidências coletadas pela psicologia e pela fisiologia modernas.

OS QUATRO TEMPERAMENTOS

As principais características de cada temperamento estão listadas abaixo. Cada uma tem vantagens e desvantagens. Para aproveitar ao máximo seu tipo de temperamento e acentuar seus aspectos positivos, siga as sugestões e minimize eventuais pontos fracos.

* * * * *

Sanguíneo Sua natureza expansiva, otimista e estável o ajuda a enfrentar a maioria das situações. Porém, talvez confie demais em palpites e suposições, desviando seus esforços. Planeje bem para aproveitar a energia (ver p. 115) e manter o foco (ver p. 16).

* * *

Fleumático Calmo, observador, firme, mas reservado, você é muito bom em visualizar as tarefas até o fim, embora tenha um pouco de dificuldade de se afirmar perante o mundo. Tome nota das técnicas de PNL apresentadas nas páginas 108-109. Você também tende a evitar ações e mudanças, razão pela qual as dicas de motivação das páginas 116-117 podem ajudar.

* * *

Melancólico Seu exterior calmo mascara sua intensa sensibilidade. Levante o humor e deixe aflorar a criatividade com música animada e uma atmosfera agradável (ver pp. 106-107). Talvez deva controlar a tendência a preocupar-se (ver pp. 100-101) ou até a sentir pânico (ver p. 47).

* * *

Colérico Você é alegre, irritadiço, animado e extrovertido. Sua energia e habilidade para tomar decisões rápidas são características positivas. No entanto, é preciso reconhecer quando deve pensar nas coisas com mais cuidado. Para controlar reações intempestivas, veja a seção "Quando *não* decidir" (p. 103).

PREVER AS EMOÇÕES

As reações emocionais afetam a percepção e a capacidade de julgamento não apenas em situações presentes, mas também quando tentamos recordar como nos sentimos em situações passadas ou imaginar como nos sentiríamos em situações futuras. As sugestões a seguir o ajudarão a reconhecer e compensar algumas tendências comuns em comportamentos emocionais.

REAÇÃO EXAGERADA

As pessoas costumam superestimar significativamente a maneira como se sentirão – bem ou mal – em determinada situação. Uma pesquisa sobre o assunto pediu a pessoas que fizessem uma previsão de como se sentiriam se seu time favorito ganhasse ou perdesse uma partida crucial.

Os pesquisadores reavaliaram os sentimentos dessas pessoas logo após o jogo e uma vez mais depois de alguns meses. Concluíram que não só as pessoas haviam superestimado os bons ou maus sentimentos antes da partida em comparação a como se sentiram após o jogo, mas também em comparação às respostas, meses depois, quando foram questionadas novamente.

EXPECTATIVAS EMOCIONAIS

Outro fator que pode interferir na capacidade de prever sentimentos de forma precisa é que tendemos a lembrar mais de emoções intensas do que das mais serenas, ainda que emoções fortes sejam a exceção. Isso significa que, se uma vez você se sentiu muito bem ou muito mal em uma situação particular, essa experiência específica vai marcar – mais do que deveria – as expectativas emocionais de situações futuras similares.

PENSAMENTO MATERIALISTA

Uma forma de baixar a autoestima é comparar-se a pessoas mais ricas, mais inteligentes e mais bem-sucedidas. Em vez disso, siga o velho e bom conselho de lembrar-se dos mais desafortunados que você.

A visão materialista também influencia o nível de importância conferido a um objetivo ou à decisão correta. Algumas pessoas acham que ter o aparelho de som do momento ou o carro do ano traz mais felicidade do que de fato esse tipo de consumo proporciona. Ainda que reconheçam essa falsa expectativa de realização, dedicam muito tempo e energia buscando esses objetivos.

PREVER SENTIMENTOS

Estar atento a como as lembranças e expectativas podem influenciar o pensamento evita que você caia em armadilhas. Quando ponderar qualquer caminho de ação, lembre-se dos seguintes pontos:

- Uma experiência ruim não deve impedi-lo de tentar outra vez;
- Nem todas as férias, festas ou momentos agradáveis serão os melhores da sua vida;
- É pouco provável que bens materiais tragam a felicidade esperada.

Se você não tem certeza de como reagirá a determinada situação, pergunte a um colega o que ele faria em condições semelhantes.

O PAPEL DA AUTOESTIMA

Muitas pessoas confundem autoestima com amor-próprio, embora esse conceito tenha mais a ver com o desenvolvimento de qualidades pessoais do que o respeito a si mesmo. Ter autoestima é proporcionar-se a autoconfiança necessária para enfrentar desafios e atingir metas.

OS SEIS PRINCÍPIOS DA AUTOESTIMA

O psicólogo Nathaniel Branden foi um dos pioneiros nas pesquisas sobre autoestima e identificou seis princípios que podem ser praticados no dia a dia.

- **Viver conscientemente** Esforce-se para estar atento o tempo todo, tomar atitudes apropriadas a cada situação e não negar a realidade.
- **Autoaceitação** Enxergue seus aspectos positivos e negativos como são. Ainda que queira ou precise mudar alguns pontos, comece por aceitá-los como reais.
- **Autorresponsabilidade** Significa assumir a própria vida. Evitar essa responsabilidade é se negar uma fonte de potencial.
- **Autoafirmação** Você confiaria em um amigo que nunca lhe deu apoio? Se fizer isso, perderá o respeito por si mesmo.
- **Viver com objetivos** Se tiver metas ou ambições e autodisciplina para persegui-las, você se sentirá melhor em relação a si mesmo.
- **Integridade pessoal** Você acreditaria em alguém que quebra promessas ou é mentiroso? Isso pode ser tentador se acredita que ninguém vai saber, mas lembre-se: está traindo a si próprio.

CONSTRUIR AUTOESTIMA

Uma forma de aumentar a autoestima e promover um crescimento pessoal é tentar o exercício a seguir, formulado por Branden. Baseia--se na ideia de que é mais fácil realizar pequenas mudanças (5%) do que grandes transformações (100%) de uma vez.

Escreva uma sentença que contenha o resultado desejado, mas que precise ser completada com uma forma de alcançá-lo. Por exemplo:

Se tivesse de agregar mais 5% de consciência na minha vida...
... eu ouviria mais atentamente o que os outros têm a dizer.

Crie suas próprias sentenças seguindo os princípios da página anterior e complete cada uma delas como no exemplo acima. Faça-o o mais rápido possível, para que as ideias brotem do seu subconsciente.

DICAS PARA LEVANTAR A AUTOESTIMA

Seguem algumas sugestões para ajudar a melhorar a confiança, o direcionamento e o conhecimento de suas capacidades.

- Pense na sua atividade favorita e lembre como foi experimentá-la pela primeira vez. Tenha sempre em mente que é natural sentir-nos inseguros quando saímos de uma zona de conforto.
- Liste todas as coisas que você aprendeu ou conseguiu nos últimos dez anos.
- Faça algo em que você seja bom, não importa o tamanho ou o alcance.
- Termine alguma pequena tarefa pendente.
- Tire o foco de si mesmo e de seus defeitos. Procure pensar em algo que leve sua mente ao estágio ótimo (ver p. 104).

SUPERAR AS PREOCUPAÇÕES

Todos nós somos atormentados por inquietações em alguns momentos. Preocupar-se demais é um desperdício de energia que atrapalha a percepção e a autoconfiança em processos decisórios. No entanto, é possível controlar esse tipo de aflição para liberar a mente e sentir-se livre para agir.

ESTRATÉGIAS ANTIPREOCUPAÇÃO

Quando nos preocupamos, a mente tende a fixar-se em todo tipo de consequências terríveis, independentemente de serem prováveis ou não – processo chamado pelos psicólogos de negativismo. Preocupar-se tende a ser improdutivo, pois causa paralisia diante dos problemas, quando o que se precisa é mobilizar energia para resolvê--los. Por vezes, vemo-nos pensando as mesmas coisas e revolvendo atitudes e ações do passado que não temos como mudar.

O professor de teologia americano Haddon W. Robinson escreveu, certa vez: "O que nos preocupa nos domina". Se você costuma preocupar-se excessivamente, tente algumas das estratégias a seguir.

Desfaça sua preocupação

Pergunte-se: "Por que estou preocupado?" Tente responder da forma mais clara possível. Em seguida, questione-se: "É racional preocupar--me com isso?" ou "O que há de tão particularmente ruim neste tema?" Tente identificar tópicos sobre os quais é preciso refletir. Uma vez identificados, será mais fácil lidar com eles.

Elimine as preocupações pela raiz

As preocupações geralmente estão relacionadas com procrastinações. Enquanto em algumas circunstâncias a demora pode ser uma estratégia construtiva (ver p. 103), deixar-se levar por uma situação pode fazer com que se acumulem preocupações. Assim como as pragas que aparecem nos jardins, é mais fácil lidar com as inquietações se as enfrentarmos assim que surgem, para evitar que criem raízes na mente.

Tome uma atitude

Quanto mais uma decisão ou ação for postergada, mais fácil será imaginar desfechos terríveis. Se você está se sentindo paralisado por uma preocupação, tente dar um passo inicial para enfrentar o problema, mesmo que seja pequeno – será mais fácil seguir após um começo.

Aceite mentalmente o pior

Faça um plano de ação bem detalhado, para o caso de acontecer o pior. Ao se preparar para o pior cenário, convença-se de que não há mais necessidade de preocupar-se com ele.

Distraia-se

As preocupações encontram mais espaço na mente quando há muito tempo ocioso. Se você perceber que elas estão tomando conta de sua mente, comece imediatamente outra tarefa, qualquer que seja, para interromper o fluxo de pensamentos indesejáveis.

Mude sua postura

A preocupação pode deixá-lo deprimido. Reaja contra essa falta de ânimo adotando uma postura corporal positiva e confiante. Mantenha-se ereto, descruze os braços para soltar-se. Levante a cabeça e estufe o peito. Quanto mais confiante sua postura, mais seguro você se sentirá.

Não guarde as preocupações

Contar suas inquietações a alguém ou escrevê-las ajuda a aliviar o estado de preocupação.

BANIR A AUTOSSABOTAGEM

Preocupar-se com sua capacidade de alcançar um objetivo ou resolver um problema pode tornar-se uma autoprofecia: ao perder a autoconfiança, você será menos capaz de fazer aquilo de que necessita. Use algumas estratégias para levantar a autoestima (ver pp. 98-99) e minimizar ou até eliminar as preocupações desse tipo.

ENFRENTAR PROBLEMAS EXTERNOS

As preocupações externas parecem ser impostas, mas na realidade são problemas que precisam ser resolvidos, e as inquietações limitam a capacidade de influir neles. Tente as questões das páginas 48-49 para ajudá-lo a atingir o cerne do problema e use as informações das páginas 40-45 para analisá-los.

As sugestões das páginas 104-105 também podem estimular sua mente a sair de situações extremas de pânico ou paralisia e encarar o problema.

QUANDO *NÃO* DECIDIR

Observe se sua mente está funcionando claramente no momento de tomar uma decisão importante, pois o estresse físico e/ou emocional pode resultar em enganos. Se você sabe que tem um problema a enfrentar, é melhor deixá-lo momentaneamente de lado e retomá-lo quando se sentir melhor.

* * * * *

Evite tomar decisões quando se sentir...

Cansado – Napoleão afirmava que "nunca enfrentaria um general com a coragem das três da madrugada". Tudo parece pior no meio da noite, quando a energia está no nível mais baixo. Tente dormir para refrescar a cabeça (ou tirar um cochilo de dez minutos durante o dia).

Muito preocupado – antes de tomar uma decisão nesse estado, controle as emoções (ver pp. 100-102).

Zangado ou chateado – dê-se um tempo para esfriar a cabeça. Se falar com outras pessoas e elas não gostarem, sugira um breve intervalo.

Confuso – até mesmo um copo de bebida alcoólica ou um medicamento podem atrapalhar sua capacidade de decisão.

Desanimado – se estiver se sentindo sem forças diante de uma situação, observe se não está com fome, doente ou num ambiente muito estressante. Cuide-se e volte a agir quando melhorar.

ESTADO DE EQUILÍBRIO

Atingimos nossa capacidade plena de desempenho no estado chamado "zona ótima de realização", alcançado quando a tarefa é equilibrada, ou seja, nem tão fácil ou monótona, nem tão difícil ou estressante. Alguns psicólogos também definem esse estado como "fluxo".

COMO ATIVAR A ZONA ÓTIMA

Se estivermos na "zona ótima de realização", ou "fluxo", conseguimos trabalhar mais e por mais tempo focados e com prazer. O tempo voa quando estamos absorvidos em nossas atividades.

Essa zona ótima é relativamente pequena, como ilustra o gráfico abaixo. A curva mostra o processo mental, com o "desânimo" em uma extremidade e o "pânico" na outra. O estado de pico está no topo da curvatura. Para monitorar seu estado, escolha uma atividade regular que gostaria de usufruir mais ou fazer melhor. Cada vez que executar a tarefa,

desenhe um gráfico como o da página ao lado e marque um “x” no ponto em acha que esteve trabalhando. Se você ficou desanimado ou indiferente, sua marca deve estar à esquerda do pico; caso tenha se sentido cansado ou estressado, o “x” deve se posicionar à direita. Repita o exercício várias vezes, sempre desenhando um gráfico novo para não se influenciar por resultados anteriores. Avalie os gráficos: onde o “x” apareceu mais vezes?

Muitos “x”na região “desânimo”?

- Pergunte-se: “Se eu fosse o melhor do mundo nessa tarefa, como me sentiria?” Almeje ser excelente.
- Há alguma possibilidade de delegar essa tarefa a outra pessoa a fim de sentir-se livre para investir mais em áreas de seu interesse?

Muitos “x” na região “pânico”?

- Procure ajuda. A maioria das pessoas consegue sair de estados de pânico ao se sentir mais à vontade com a atividade a ser realizada.
- Peça ajuda: solicite a alguém que lhe dê uma mão. Muitas respostas na situação “pânico” resultam de sobrecarga de trabalho.
- Se sentir que está constantemente na “zona de pânico”, pergunte-se se a tarefa é muito difícil para seu nível de habilidade. Você precisa de mais treinamento ou qualificação? A tarefa em si é arriscada demais?
- Use a respiração para lidar com a ansiedade. Inspire devagar e profundamente, empurrando o ar para dentro dos pulmões. Você deve sentir o abdômen se mover mais que o peito.

REDUZIR O ESTRESSE NO TRABALHO

Hoje, os escritórios são bem mais seguros do que os antigos, mas esses locais aparentemente inofensivos podem criar níveis crônicos de estresse. Seguem algumas dicas de como deixar o local de trabalho saudável e sem estresse.

MANTENHA-SE HIDRATADO

A desidratação pode acabar com sua resistência e concentração. Quando você está preocupado com trabalho, é fácil ignorar a sede, o que pode ser o início do problema. Os escritórios modernos também contribuem para a desidratação por causa do ar condicionado. As bebidas oferecidas, como café e chá, em geral contêm açúcar, o que mata a sede num primeiro momento, mas acaba consumindo mais água do corpo. O líquido mais hidratante é a água; tente tomar oito copos por dia regularmente, e não espere até ter muita sede.

CRIE UMA ATMOSFERA COM ÍONS NEGATIVOS

Os íons (átomos carregados de eletricidade) na atmosfera podem afetar o humor. Os íons positivos estimulam cansaço, tensão, dores e desânimo, enquanto os negativos criam um clima relaxado e alegre. Por isso os escritórios têm um ambiente desagradável: eletrônicos e tecidos sintéticos criam um excesso de íons positivos. Os íons negativos proliferam ao redor de água em movimento, como oceanos, chuva, cachoeiras. Você não precisa ter água em movimento no escritório, mas tente manter um ionizador perto de sua mesa de trabalho.

ENERGIA PELA RESPIRAÇÃO

Muitas pessoas adotam os exercícios abaixo para energizar-se e relaxar.

- Sente-se confortavelmente com a coluna ereta e as mãos no colo.
- Respire profundamente pelo nariz, enquanto conta até 8. Estufe a região do abdômen, depois o peito, de forma a encher completamente os pulmões.
- Segure a respiração nesse lugar por doze tempos.
- Expire pelo nariz em dez tempos. Tente sentir o ar passando pelo ponto de encontro da garganta e do tubo nasal.
- Repita o processo cinco vezes.

USE O MÁXIMO DE LUZ NATURAL

Estudos científicos revelam que a exposição por muito tempo à luz artificial pode levar a estresse físico e mental. Tente usar lâmpadas mais próximas da luz natural, trabalhar perto de uma janela e sair sempre que possível para lugares abertos com luz natural.

CERQUE-SE DE VERDE

Pesquisas indicam que trabalhar com vista para plantas e árvores reduz cefaleia, irritação nos olhos e dores musculares, além de induzir a estados de alerta, porém relaxados. Se você mora na cidade, procure ter fotos de paisagens e plantas sobre a mesa e caminhar em espaços verdes para aumentar seu bem-estar.

TÉCNICAS DE NEUROLINGUÍSTICA

Às vezes, tomar atitudes implica deixar de lado velhas crenças e pensar de outra maneira. Até se acostumar à nova situação, é normal sentir-se fora da "zona de conforto". Para reciclar sua forma de pensar, você pode usar a programação neurolinguística, ou PNL.

O BÁSICO DA PNL

A programação neurolinguística abre caminhos para pensar mais produtivamente por meio de mudanças na "linguagem" do pensamento: como usamos as palavras e criamos imagens e sensações.

A seguir, apresento três das melhores técnicas práticas da PNL, usadas para aumentar a flexibilidade do pensamento e da percepção.

Produza sentimentos positivos

Fazer associações pode ativar certas emoções. Tente este método: mentalize uma situação em que se sentiu bem, confiante, decidido ou feliz. Imagine essa cena vividamente. Aumente ao máximo a intensidade do sentimento. Ao mesmo tempo, pressione a ponta do dedão contra a do indicador. Com a prática, pode-se ativar esse sentimento positivo apenas pressionando as pontas dos dedos.

Modifique a memória e as crenças

Há várias formas de se livrar de uma recordação desagradável. Visualize a situação em preto e branco, mais como uma foto do que como uma cena em movimento. Desenhe a situação ou pessoa desagradável em tamanho menor do que é. Imagine a cena como se fosse outra pessoa e visualize o cenário numa pequena tela de tevê, diminuindo a importância da memória.

É possível acentuar uma boa recordação fazendo o oposto: veja a cena em cores vivas e imagine-se nela outra vez. Por um método semelhante, você pode instituir uma nova impressão positiva sobre si mesmo. Pense numa qualidade positiva que já tem. Como se imagina expressando essa qualidade? Quais cores, sons e atitudes associa a ela? Crie sua nova impressão usando os mesmos elementos.

Meu modelo ideal

Assim como as crianças aprendem com base em modelos, você pode modificar suas atitudes tentando "entrar" em outra pessoa que deseja imitar em alguma característica. Feche os olhos. Imagine essa pessoa de pé na sua frente com o máximo de detalhes possível. "Introduza-se" na pele dela, transforme-se nela. Como é sentir sua postura? Como é seu estado emocional? E seus pensamentos? Que *insights* lhe ocorrem?

A ORIGEM DA PNL

A PNL foi inventada nos anos 1970 por Richard Bandler e John Grindler. Eles estudaram técnicas de diversos terapeutas em voga e incorporaram ideias da psicologia, da hipnoterapia e da filosofia, além de usar como modelos a forma de pensamento e de comunicação de pessoas de sucesso ou bem resolvidas. Desde então esse campo de estudo se expandiu e ganhou espaço em uma infinidade de livros e CDs com usos diversos da técnica de neurolinguística. Enquanto alguns criticam essas teorias como pouco originais ou até não científicas, outros acreditam que podem trazer muitos benefícios.

CAPÍTULO 6

TOMAR ATITUDES

Entre os recursos mais valiosos de que dispomos, estão o tempo e a energia, razão pela qual este último capítulo é dedicado a dar sugestões de como otimizar o uso dessas preciosas ferramentas. Inclui tópicos como organização de tarefas, gerenciamento do tempo, manutenção da motivação ao longo de caminhos difíceis e dicas para concentrar os esforços nas áreas que realmente interessam.

As decisões só têm sentido quando podem ser transformadas em ação. Somado a tudo o que foi dito até aqui, este capítulo vai ajudá-lo a levar a cabo uma decisão e colocá-la em prática com um plano bem formulado para obter um resultado satisfatório.

ESTABELECER METAS

As metas incentivam a concretização dos objetivos. Um objetivo claro e preciso, em vez de uma inspiração vaga, ajuda a concentrar os esforços de maneira eficaz e pode proporcionar um sentimento de realização verdadeiro quando atingido.

O PODER DAS METAS

Estudos na área da psicologia revelaram que a definição de objetivos claros pode melhorar o desempenho em vários sentidos, pois:

- direciona a atenção e a ação;
- aumenta a energia investida em cada tarefa;
- fortalece a persistência e a tenacidade;
- motiva a busca de soluções efetivas para os problemas.

Estabelecer metas que oferecem desafios é mais instigante do que optar por objetivos fáceis ou simplesmente dar o melhor de si. Escolha um objetivo que possa tirá-lo de sua zona de conforto: isso vai levá-lo ao estado ótimo de funcionamento da mente (ver p. 104), momento em que o trabalho se torna mais produtivo e satisfatório.

A única exceção é que, se o desafio escolhido for muito difícil para a situação presente, pode levar à "zona de pânico". Nesse caso, estabeleça uma série de "metas de aprendizado" intermediárias, de modo que cada uma seja um objetivo em si a ser alcançado, mas em direção ao objetivo maior. Por exemplo, se a meta é fazer uma apresentação no trabalho, pratique com outras pessoas antes de enfrentar a audiência.

FORMULAR OBJETIVOS

Um objetivo bem formulado deve ser:

Específico: bem definido.
Mensurável: deve produzir resultados mensuráveis, assim você pode monitorar seu progresso.
Alcançável: ainda que desafiadora, uma meta deve ser, em teoria, alcançável dentro de suas possibilidades.
Recompensador: é necessário haver a perspectiva de retorno ou recompensa para manter a motivação até o fim da tarefa (ver pp. 116-117).
Delimitado: deve ter um prazo, assim como as submetas.

ESCREVA

Para dar forma concreta a uma meta, escreva-a. Mantenha o papel em um lugar acessível – ou transforme-o numa nota e pendure-a em um local de grande visibilidade.

Para um objetivo material, como comprar uma casa ou negociar aumento de salário, estabeleça um prazo. Por exemplo: "Até dia 31 de dezembro do ano que vem, terei minha própria casa".

Se o objetivo não for material, mas sim algo como perder peso ou tornar-se mais confiante, escreva como se já estivesse acontecendo. Por exemplo: "A cada dia que passa me torno mais e mais confiante".

O subconsciente não assimila por completo conceitos negativos, por isso pense sempre em metas no sentido positivo:

Vou perder peso mas não Não vou mais comer chocolate

VISUALIZAR O SUCESSO

Você pode usar o pensamento visual (ver pp. 31-33) e programar seu subconsciente para atingir um objetivo imaginando um resultado bem-sucedido da maneira mais vívida possível. O poder da visualização é reconhecido por profissionais do esporte, que usam essa técnica durante os treinos. Por exemplo, o jogador de golfe Tiger Woods prepara a mente para o sucesso imaginando a tacada ideal da forma mais vívida possível. O mais surpreendente é que, uma vez dominada a técnica de visualização, seu cérebro aprenderá a identificar e a funcionar com base na mentalização de sucessos, como se já estivessem consumados!

CHECAR A VIABILIDADE

Para maximizar suas chances de um eventual sucesso, é preciso ter certeza de que os planos e as ações serão viáveis após o início da empreitada. A melhor forma de garantir isso é checar a viabilidade dos planos no mundo real. Para dar um exemplo cotidiano, se você vai pintar sua casa de uma cor diferente, é prudente comprar um pouco de tinta e testá-la em uma área pouco visível antes de levar adiante a pintura. Esse procedimento minimiza os custos no caso de fracasso da ideia inicial, além de ajudar a prever corretamente o estado emocional (ver pp. 96-97) para evitar suposições equivocadas e escapar do pensamento obtuso (ver p. 54).

Se os resultados do seu objetivo forem demorar para se tornar aparentes, faça a maior quantidade possível de testes preliminares. Por exemplo, se está pensando em começar um treinamento caro e longo para ser arquiteto, talvez seja melhor testar sua decisão antes pedindo um estágio de observação num escritório de arquitetura – e assim certificar-se de que o tipo de trabalho realmente lhe agrada.

ESTABELEÇA UM PLANO DE AÇÃO

Quanto mais difícil, desafiador ou complexo for um projeto, mais raciocínio e planejamento serão necessários para as tarefas caminharem como o planejado depois de iniciada a empreitada. Seguem algumas dicas de como se preparar de maneira eficaz.

* * * * *

1 Defina o objetivo da maneira mais específica que puder e verifique se está de acordo com os princípios do item "Formular objetivos" (ver p. 113).

2 Estabeleça o tipo de tarefa a ser empreendida: convergente (com apenas uma ou poucas possibilidades de solução) ou divergente (com uma ampla gama de alternativas). Veja as páginas 40-44.

3 Se você está diante de uma situação "divergente" (o tipo mais comum), tente afunilar suas opções usando a "escala de atratividade" (ver p. 67) ou a Matriz de CARVER (ver p. 71). Desenhe o diagrama de soluções (ver p. 42) para visualizar os passos até a meta final.

4 Estabeleça um prazo.

5 Liste todos os elementos ou estágios de seu projeto. Desenhe uma linha do tempo variável (ver pp. 122-124) baseada nesses elementos para construir um cronograma bem definido.

6 Outras pessoas estarão envolvidas no projeto? Em caso positivo, faça um briefing das tarefas e responsabilidades de cada uma.

7 Prepare-se para o primeiro passo e siga adiante!

ESTIMULAR A MOTIVAÇÃO

Ter a capacidade de motivar-se pode fazer toda a diferença entre sucesso e fracasso. Essa é a qualidade que o manterá firme quando as coisas parecerem mais difíceis e evitará que desista de alcançar um objetivo antes da linha de chegada.

ENCONTRAR UM ESTÍMULO

Se você não consegue iniciar uma tarefa ou projeto, pergunte-se o motivo: é algo desagradável, mas necessário, ou algo que você quer fazer, mas não sabe por onde começar?

Algumas das ideias a seguir podem ajudá-lo a pôr seu projeto em ação:

- Diga a outras pessoas o que você está pensando em fazer. Tornar públicos seus planos faz que eles se tornem mais concretos.
- Divida o projeto ou problema em ações menores que sejam fáceis de ser realizadas.
- Inicie qualquer aspecto do projeto sem cogitar quanto tempo vai durar nem pensar se sabe como terminá-lo.
- Pense em um trabalho difícil em que você já trabalhou. Como se saiu? Algum aspecto foi satisfatório? Você pode aplicar as mesmas estratégias nas tarefas a serem realizadas agora?

MANTENHA-SE DE OLHO NO RESULTADO

Por mais motivado que esteja no início de uma tarefa ou projeto, esse entusiasmo pode desaparecer diante de dificuldades ou se o objetivo demandar mais tempo e esforço do que o previsto inicialmente.

Para conservar a motivação, mantenha o resultado final desejado sempre vivo na memória. Se você está trabalhando com outras pessoas, converse com elas sobre como será bom quando as tarefas forem finalizadas. Se o desânimo ameaçar instalar-se, tente uma abordagem criativa de algum aspecto novo do projeto para estimular o interesse. Faça uma relação de todas as tarefas, incluindo as que já foram feitas – ticar itens de uma lista de pendências potencializa o ânimo de completar as que restam. Finalmente, celebre todo sucesso com algum tipo de recompensa.

A ATRATIVIDADE DOS RESULTADOS

Grande parte do nosso comportamento é motivada pela expectativa de retorno, embora esse processo possa tomar formas distintas, desde a gratificação direta em forma de pagamento até a simples satisfação de levar a cabo um trabalho bem-feito.

Embora os retornos "extrínsecos" – recompensas ou elogios vindos de outras pessoas – sejam animadores, especialmente se estamos engajados em um longo trabalho, em alguns casos também podem reduzir a motivação. Por exemplo, há pessoas que buscam recompensas materiais (como dinheiro) e ficam desmotivadas quando o retorno financeiro não preenche as expectativas (ver p. 97).

As recompensas "intrínsecas", como alcançar metas cuja recompensa está no próprio ato de alcançá-las, são mais motivadoras.

GERENCIAR O TEMPO

Todos nós temos à disposição 168 horas por semana, e ainda assim nos sentimos pressionados por uma grande quantidade de atividades. O gerenciamento eficiente do tempo é um aspecto fundamental para realizar tarefas sem a sensação de ter "muito para fazer, mas pouco tempo disponível".

ONDE FOI PARAR O TEMPO?

O princípio a seguir foi originalmente desenvolvido para ajudar as pessoas a organizar a papelada em cima da mesa ou a caixa de e-mails lotada, mas pode ser útil se aplicado a qualquer outra atividade. Siga a regra dos "3Ds":

Dedique-se a uma atividade,
Deixe-a ou
Delegue-a.

DELEGAÇÃO

A maioria das pessoas reluta em delegar tarefas, mas, se você permitir que outros façam algumas delas, conseguirá gerenciar melhor o tempo. Em casa, por exemplo, outros membros da família podem facilmente ajudá-lo nas tarefas domésticas. Reavalie sempre o que cada um faz: se Daniel não alcançava o botão da máquina de lavar roupa aos 5 anos de idade, isso não significa que aos 15 ele não possa fazer isso.

Delegar no trabalho talvez seja mais complicado, mas uma pessoa que souber fazer isso bem terá suas recompensas. Avalie quais tarefas tomam mais o seu tempo e avalie a possibilidade de passar as mais rotineiras aos colegas menos experientes. Delegar exige planejamento, pois é preciso ensinar alguém a realizar uma determinada atividade, o que não pode ser feito no último minuto.

PRAZOS

Estabelecer prazos ajuda a concentrar a mente, manter-se focado e em movimento. No entanto, se estamos sob grande pressão, o aumento do estresse e da ansiedade pode ser contraprodutivo (como mostra o gráfico da página 104), deteriorar nosso desempenho e, em casos mais extremos, paralisar-nos.

Encare o prazo como um objetivo positivo, e não um monstro. Assim como na escola os estudantes fazem provas num período previamente estipulado, também é possível gerenciar o próprio tempo. Divida a tarefa em tarefas menores, avalie a ordem de prioridade em que devem ser resolvidas (ver pp. 122-124) e distribua o tempo entre elas em função disso.

Se alguns pontos importantes ficarem atrasados, anote o motivo e faça logo uma escolha: correr um pouco mais e acertar o cronograma inicial a partir de certa data ou refazê-lo (nesse caso, considere o cronograma refeito como um começo novo e promissor).

ALMEJE A EXCELÊNCIA

O momento ideal para debruçar-se sobre um trabalho é quando ele já está completo. É melhor ter tempo para revê-lo e melhorá-lo do que levá-lo até o último minuto do prazo estabelecido. De maneira geral, reservar um tempo para dar uma polida final no trabalho é uma oportunidade de almejar a excelência.

OS LADRÕES DE TEMPO

No ambiente de trabalho, é muito comum ser desviado do curso de uma ação pela demanda de respostas e avaliações de atividades realizadas por outras pessoas. Há duas situações bastante comuns em que as pessoas "roubam" o tempo de outras sem perceber:

- **Ao fazer pedidos inadequados** Para evitar ser atropelado por pedidos dos outros, seja seletivo ao aceitá-los. Pratique um educado, porém firme, "não" aos que não são razoáveis, àquilo que não é prioridade ou a coisas para as quais você não é a pessoa mais indicada ou qualificada.
- **Ao mantê-lo esperando** Aplique a regra dos quinze minutos: se alguém o deixou esperando por mais de um quarto de hora sem dar nenhuma explicação, vá embora. Obviamente, não é uma regra para ser seguida a ferro e fogo: analise bem a situação e a pessoa envolvida. Evite marcar encontros na hora cheia, pois as pessoas tendem a se atrasar. Ao definir um horário de reunião, prefira dez ou quinze minutos depois da hora passada. Enquanto espera, use o intervalo para fazer ligações, tomar notas, enviar e ler e-mails etc.

MONITORE SEU TEMPO

Experimente usar um cronômetro no escritório. Sempre que começar a trabalhar, ligue o cronômetro, e, cada vez que fizer uma pausa – seja para tomar café, conversar, olhar pela janela –, pare também o marcador de tempo. Ao final do dia, você se surpreenderá ao ver quanto foi o tempo produtivo de fato, mesmo que tenha parecido um dia cheio e exaustivo.

DE OLHO NO RELÓGIO

Os escritórios são espaços privilegiados quando o assunto é tempo mal administrado. Embora uma atmosfera agradável seja frutífera e intervalos para tomar algo ou conversar ajudem a manter os níveis de produtividade, é preciso tomar cuidado para que essas pausas não se tornem distrações. As dicas a seguir podem ser úteis.

* * * * *

Se a agenda está curta, procure atender às pessoas com hora marcada e não as convide para sentar.

* * *

Nem todos os atendimentos ou reuniões são necessários. Sugira, quando for o caso, uma maneira mais eficiente de discutir o assunto, como por telefone ou e-mail.

* * *

Tente colocar sua mesa de trabalho num lugar do qual não consiga cruzar o olhar com os colegas que passam por ela.

* * *

Escreva e-mails curtos, com foco e claros. Evite comentários de humor ambíguos, pois as pessoas podem entendê-lo de forma equivocada. Arquive os e-mails de acordo com o tema, para economizar tempo realocando-os.

* * *

Fale ao telefone em pé. Isso faz você parecer mais confiante e evita conversas demoradas.

ORGANIZAR TAREFAS

A maioria dos desafios envolve mais de uma ação. Quase sempre há tarefas secundárias ao longo do caminho. Abordar essas pequenas etapas de maneira organizada pode ser um fator importante de sucesso para alcançar um objetivo.

PLANO DE ATAQUE

Seja no planejamento de um evento global, seja no de uma refeição com entrada, prato principal e sobremesa, é preciso definir uma sequência de ações que lhe permitirá cumprir em ordem as tarefas necessárias ao projeto. Um bom começo é se fazer as seguintes perguntas:

- Quais tarefas demandarão mais tempo e precisam ser iniciadas antes?
- Quais tarefas precisam ser concluídas para que outras possam ser empreendidas?
- Quais tarefas podem ser conduzidas simultaneamente?
- Qual o prazo mais otimista e/ou mínimo necessário para completar cada tarefa, qual o prazo esperado e qual o limite máximo?

ELABORE UM CRONOGRAMA VARIÁVEL

Com essas quatro questões em mente, é possível traçar um "cronograma variável" para um determinado projeto, além de garantir que o tempo será bem aproveitado, e se preparar para um eventual "pior cenário possível".

Marque o número de semanas ou meses necessários para a conclusão do projeto desde o início até o fim. Abaixo, desenhe um retângulo para

Linha do tempo de meses

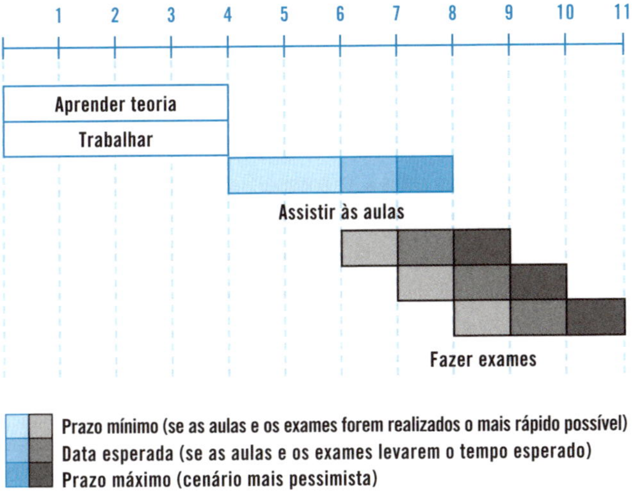

representar cada tarefa. Se necessário, divida o retângulo em três partes, representando o "prazo mínimo", a "data esperada" e o "prazo máximo".

O exemplo simplificado mostrado acima é o de uma pessoa que deseja aprender a dirigir antes de seu próximo aniversário. Em primeiro lugar, ela deve juntar dinheiro para pagar as aulas (o que levará quatro meses); assim, precisa fazer isso antes de começar a frequentar a autoescola. Porém, pode guardar dinheiro ao mesmo tempo em que estuda e revisa o conteúdo teórico. E deve calcular que, uma vez iniciadas as aulas, poderia terminá-las em pelo menos dois ou três meses, embora o processo possa durar até quatro meses, se forem computados os imprevistos ou o ritmo de trabalho. Se o candidato não passar na prova na primeira vez, pode repetir o exame com intervalos de um mês, de modo que o pior cenário está sendo calculado com três tentativas.

Dicas para organizar tarefas

- Se alguma das subtarefas abranger pensamento criativo, procure iniciá-las quanto antes e, se possível, reserve bastante tempo para elas, de modo a liberar espaço na mente para novas ideias.
- Para subtarefas que envolvem outras pessoas, garanta que cada uma terá tempo suficiente para realizar sua parte e discuti-la com você, para que eventuais problemas ou atrasos não afetem o cronograma.
- Verifique se as tarefas planejadas não caem em algum momento inconveniente (por exemplo, refazer o telhado no período de chuvas).
- Faça ajustes no cronograma de modo a evitar períodos de trabalho muito pesados e outros com poucas tarefas programadas.
- Reserve tempo para coletar informações ou aperfeiçoar habilidades. Lembre-se da história de dois homens que competiam para ver quem cortava mais lenha: não foi o mais forte que ganhou, mas o que parava em intervalos regulares para afiar o machado.

PERT

O cronograma mostrado na página anterior baseia-se num método chamado PERT (programa de avaliação e técnica de revisão), desenvolvido pela Marinha dos Estados Unidos, na década de 1950, como parte do planejamento da programação do submarino *Polaris*. Embora os objetivos cotidianos não sejam tão complexos como desenvolver um submarino nuclear, o conceito básico de organização do PERT é muito útil para planejamentos de forma geral.

SENTIMENTOS E ATITUDES

Um erro comum é pensar que é preciso "sentir-se da forma correta" para iniciar uma tarefa. Essa expectativa de alcançar um sentimento específico pode levar a grandes perdas de tempo e esforço.

AGIR "COMO SE..."

O sentimento de uma pessoa certamente afeta sua forma de agir, mas o inverso também é verdadeiro: o comportamento pode gerar sentimentos. Por exemplo, se uma pessoa está desanimada, mas senta-se em postura ereta, levanta o queixo e dá um sorriso, de fato pode começar a se sentir melhor. Os comportamentos e atitudes podem, sim, mudar o humor. Essa técnica – agir "como se..." – engana o subconsciente e condiciona o corpo a sentir de fato o que está sendo "fingido".

Assim, em vez de esperar a coragem chegar para enfrentar uma situação temida, porém necessária – como falar em público, convidar alguém para sair ou enfrentar o vizinho –, é melhor agir como se não estivesse temeroso e deixar esse sentimento negativo se transformar em coragem.

A mesma abordagem pode ser usada em qualquer situação em que se espera uma determinada emoção (felicidade, autoconfiança, entusiasmo) antes de agir. Proceda como procederia a pessoa que tem as qualidades desejadas e sentirá essas qualidades aparecerem.

Não é possível, ou necessariamente desejável, exercer controle total sobre os sentimentos, mas algumas técnicas do capítulo 5 podem ser úteis para influenciá-los, para que não se apresentem como barreiras.

DEZ DICAS PARA NÃO POSTERGAR DECISÕES

A procrastinação é um problema muito comum, e, quanto mais habitual se torna, mais fácil é recorrer a ela. Se você está sempre adiando as coisas, tente estas táticas:

1 Deixe o perfeccionismo de lado Se você tem o hábito de postergar uma tarefa para esperar o momento em que possa ser executada de forma perfeita, deixe essa ideia de lado e procure cumprir sua atividade da maneira que for possível. Depois poderá melhorá-la.

2 Visualize o desfecho Imagine os benefícios de completar a tarefa e como você se sentirá bem quando ela terminar.

3 Comece, nem que seja por apenas dez minutos É mais fácil começar algo que você sabe que durará pouco. Uma vez dado início ao processo, conseguirá seguir em frente sem problemas.

4 Desligue a TV e a internet A televisão e a internet são grandes desperdiçadores de tempo. Desligue-as até concluir as tarefas.

5 Lembretes constantes Programe um despertador para tocar, digamos, a cada hora, assim você estará sempre alerta para marcar o tempo.

6 Divirta-se Faça a parte mais divertida (ou que exige menos esforço) antes. Isso pode ajudá-lo a entrar no ritmo.

7 Vigie-se Preste atenção quando, pela primeira vez, decide postergar uma tarefa. Resistir ao primeiro impulso de deixar para depois talvez seja mais fácil do que lutar contra isso depois. Assim como a procrastinação pode virar hábito, resistir a ela também pode.

8 Secretamente, você gosta de postergar? Você está viciado na adrenalina de completar uma tarefa sob pressão do tempo? Em caso positivo, tente dar-se um pouco mais de tempo estabelecendo um prazo próprio anterior ao real, para ter uma margem de segurança. Habitue-se a começar um projeto o quanto antes, em vez de o mais tarde – e perigosamente – possível.

9 Aceite enganos O medo de cometer um engano pode fazer com que você demore a iniciar uma tarefa. Lembre-se de que errar é natural, uma parte inevitável da vida, que, em última instância, pode ajudá-lo a fazer algo melhor.

10 Você deveria mesmo estar realizando essa tarefa? Algumas vezes, postergar uma tarefa pode ser, mais do que uma questão de negligência, um sinal inconsciente de que você quer evitá-la como um todo. Reavalie a necessidade de executá-la.

"Você ama a vida? Então não desperdice tempo, pois é dessa matéria que ela é feita."

Benjamin Franklin (1706-1790)

O PRINCÍPIO 80/20

Em muitas áreas da vida, 80% dos resultados se originam de apenas 20% das ações. Essa ideia é bastante contraintuitiva para a maioria de nós: cremos que é preciso estar bem sintonizado com o que fazemos e não imaginamos diferença entre elementos imprescindíveis e elementos inúteis.

O QUE SIGNIFICA ESSE PRINCÍPIO?

Enquanto muitas áreas da vida não se amoldam a exatamente 80/20 – algumas vezes é 90/10 ou 70/30 –, as proporções são sempre mais desiguais do que imaginamos. Usamos aproximadamente 20% das roupas que compramos, ouvimos 20% das músicas que colecionamos no computador, passamos 20% do tempo com as pessoas que conhecemos, e os sites com mais acessos podem ser uma minoria.

O princípio se estende a qualquer área que queremos valorizar, seja a companhia de amigos, seja a contabilidade de nossos ganhos ao longo da vida. Esses valores se acumulam no espaço e no tempo, o que significa que se originaram de poucos fatores. Por exemplo, pessoas bem-sucedidas costumam concentrar a produção de seus melhores trabalhos em algum período de sua carreira, e os lucros de uma empresa provêm de uma parte pequena de sua área de atuação.

Nos negócios, a identificação dos 20% dos produtos ou serviços que geram 80% dos lucros pode tornar uma empresa mais lucrativa. E identificar os 20% dos erros que causam 80% dos problemas pode melhorar as condições de trabalho.

COMO USAR O PRINCÍPIO

É possível aplicar o princípio 80/20 na vida cotidiana. Trabalhe de maneira mais inteligente: concentre-se nas poucas atividades que são responsáveis pela maior parte do retorno. Em meio às distrações cotidianas, ou quando o cronograma apertar, mantenha a mente nos 20% para garantir a continuidade dos planos.

Tente as seguintes sugestões:

- relacione suas ações bem-sucedidas nos últimos meses ou anos. Você verá que cerca de 80% delas envolvem uma área pequena de sua vida ou resultaram de medidas similares. A partir daí, poderá direcionar seus esforços para as atividades mais produtivas;
- se está trabalhando para adquirir uma nova habilidade, como falar outra língua, concentre-se em 20% dos aspectos essenciais (como frases cotidianas) para progredir mais rapidamente;
- Ao longo de um dia, anote todas as coisas que você fez e quanto tempo levou para realizá-las. Dê a cada ação um índice de produtividade, de 1 (perda de tempo) a 7 (fundamental). Use esse índice para priorizar os 20% de tarefas mais importantes e eliminar os 20% supérfluos.

VILFREDO PARETO

O princípio 80/20, conhecido também como princípio de Pareto, foi criado pelo economista italiano Vilfredo Pareto. Ele descobriu que, na sociedade, 80% das propriedades se concentravam em 20% da população economicamente ativa. Ao estudar o mesmo tema em outros países e em diferentes períodos, encontrou o mesmo padrão.

MONITORAMENTO CONTINUADO

O modo mais garantido de ter sucesso em qualquer meta é prestar atenção para não sair do eixo. Avaliar periodicamente as ações já empreendidas, assim como visualizar o resultado de ações futuras, proporciona um progresso contínuo e minimiza o risco de desperdiçar energia e esforço.

APRENDER COM O FEEDBACK

Feedback é o processo pelo qual o efeito de uma ação volta para a pessoa ou o sistema que a realizou, gerando uma mudança no comportamento de maneira retroativa. Geralmente, o *feedback* positivo incentiva a realização de ações semelhantes às que foram bem-sucedidas, ao passo que o *feedback* negativo produz o efeito contrário.

Um *feedback* preciso ajuda a melhorar o desempenho. É assim que funcionam a evolução, o cérebro e as economias capitalistas (pelo menos na teoria). O *feedback* produz resultados claros, que por sua vez podem ser utilizados para fundamentar decisões racionais e prevenir que sejamos ludibriados por suposições.

Uma técnica usada em pesquisas de mercado é consultar o consumidor final sobre os pontos positivos ou negativos de determinado produto. Você pode empregar estratégias similares. Se sua família gostou de uma refeição preparada por você, peça que exponha particularmente alguns aspectos positivos. Se seu teste para um novo emprego for recusado, pergunte a razão, assim você saberá o que melhorar na próxima vez. Teste suas ideias sempre e de todas as maneiras possíveis para ter vários *feedbacks*.

TÉCNICA DA VIAGEM NO TEMPO

Imagine se pudesse enviar uma mensagem a você mesmo sobre alguma atitude que tomou há um mês, um ano ou cinco anos. Que conselho daria a seu outro "eu"?

Esse *feedback* imaginado pode ajudá-lo a entender quais dos seus planos deram certo e quais falharam. Também o ajudará a avaliar decisões, tais como se vale a pena se inscrever em determinado curso na faculdade ou levar adiante um relacionamento. Desde que reserve tempo suficiente para que os resultados sejam claros e precisos, é possível usar essa técnica por períodos curtos ou longos.

CENÁRIOS FUTUROS

Também é possível visualizar cenários futuros usando outra versão dessa técnica, denominada "análise de *feedback*". Para cada ação ou decisão-chave, escreva qual resultado você espera de um movimento. Meses depois, compare as expectativas e os desdobramentos reais. Essa análise talvez saliente aspectos que podem ser usados em futuras ações e decisões.

FEEDBACK MEDIEVAL

Em 1536, foram fundados dois movimentos religiosos distintos que, posteriormente, dominariam o pensamento europeu: a igreja calvinista no norte e a ordem jesuíta no sul. Quando Peter Drucker estudou o período, descobriu o que considerava a chave do sucesso dessas duas linhas: a análise de *feedback*. Os membros dos dois movimentos usavam essa técnica, e ambos rapidamente se expandiram.

A TÉCNICA DO "DIA DE TAREFAS"

Muitas vezes, a vida pode se tornar um ciclo automatizado em que temos de lidar com tarefas urgentes, mas não necessariamente importantes. Para melhorar a eficácia na resolução de problemas, tente algumas das táticas a seguir. Uma forma de estimular a mente e o corpo nesse sentido é empreender um "dia de tarefas" com trabalho a todo vapor.

SUPERE OS LIMITES DA FAMILIARIDADE

O corpo tem um sistema automático chamado homeostase, responsável por manter fatores físicos como temperatura e nível dos fluidos em limites saudáveis. O subconsciente parece ter um mecanismo semelhante que conserva os padrões de comportamento.

Em geral, é difícil fugir dessas restrições tão arraigadas. Às vezes, o que precisamos não é de outra técnica de gerenciamento do tempo ou de como decidir, e sim da velha e boa força de vontade.

ESTIMULE A FORÇA DE VONTADE: O "DIA DE TAREFAS"

Para estimular a força de vontade, necessitamos desenvolver um autocontrole suficiente para enfrentar desafios ou metas de longo prazo, em vez de perseguir apenas prazeres momentâneos.

Um método para gerar impulso é o "dia de tarefas", do escritor Stuart Goldsmith. Reservar um dia para tarefas pode aumentar o nível de energia exigido em suas metas. Qualquer técnica como essa, que incita à ação por meio de listas de tarefas, estimula a força de vontade.

PLANEJE O "DIA DE TAREFAS"

Como preparação para esse dia, faça uma lista com todas as tarefas que deseja completar. Idealmente, deveriam ser cerca de cinquenta. A chave é escolher tarefas de todos os tipos – sejam pequenas ou grandes, físicas ou mentais, administrativas ou criativas. Escreva cada coisa que gostaria de fazer, desde "compor uma sinfonia" até "pagar a conta do telefone".

Organize-se da seguinte maneira:

- Comece o dia às 8 horas e trabalhe até concluir tudo o que foi inserido na lista – mesmo que demore até a meia-noite.
- Afaste todas as tentações do ambiente e evite interrupções como atender o telefone, checar e-mails ou qualquer outra atividade que saia das metas estabelecidas.

O "dia de tarefas" é bastante pesado, mas mantenha-se calmo e focado para não se estressar ou entrar em pânico. Você se surpreenderá com as coisas que serão feitas nesse longo dia de concentração máxima.

A LEI DO AUMENTO DA "ENTROPIA"

Na ciência, a palavra "entropia" é usada para descrever falta de ordem. A não ser que se injete energia em um sistema, ele tende a crescer em entropia. Em outras palavras, a ordem se desintegrará, como um cubo de gelo derretendo. Similarmente, na vida também precisamos colocar energia nas coisas que valorizamos para que continuem funcionando bem. Um "dia de tarefas" poderá ser útil nesse sentido.

O PODEROSO SEGREDO DOS HÁBITOS

Os hábitos alimentam a mente: se transformar uma coisa em hábito, você livrará sua consciência de ter de lidar com isso. Bons hábitos podem transformar uma tarefa num processo automático, que demanda menos energia para ser executado.

* * * * *

Faça uma lista de atividades simples, mas positivas, que com o passar do tempo poderão fazer diferença, como chegar no horário em reuniões ou arquivar uma conta logo depois de pagá-la. Se realizadas regularmente, essas atividades podem aumentar a eficácia com que lidamos com as tarefas cotidianas.

* * *

Procure realizar uma ou mais atividades da sua lista regularmente por pelo menos três meses – tempo necessário para se tornarem de fato um hábito.

* * *

Para ajudar a criar ou reforçar um hábito, execute a mesma tarefa sempre no mesmo local e hora (ou sempre que for necessária).

"*As correntes dos hábitos são muito leves para ser sentidas, até o momento em que se tornam resistentes demais para ser quebradas.*"

Anônimo

TORNAR-SE DECIDIDO

Agora que chegou ao fim do livro, você tem à disposição uma série de ferramentas simples para ajudá-lo a tomar decisões de maneira mais efetiva. Quanto mais esses instrumentos forem usados, mais crescerão e se consolidarão.

OS BENEFÍCIOS DE SER DECIDIDO

Talvez leve um pouco de tempo para você se acostumar ao seu novo "eu", mesmo depois que começar a perceber os benefícios de suas ações. Se sentir alguma queda no ânimo ou na força de vontade, lembre-se:

- Ser decidido melhora a autoconfiança, o que, por sua vez, melhora a autoestima e aumenta a confiança dos outros em você.
- Tornar-se decidido é como fazer um exercício de musculação – quanto mais você trabalha para isso, mais aumenta sua "boa forma".
- Ser decidido ajuda a economizar tempo. As decisões menores serão tomadas rapidamente; de fato, não há benefício em submetê-las a lentas deliberações.

Há um dito espirituoso que afirma: "Se você quer fazer alguma coisa, peça a alguém ocupado". À medida que ganhar confiança na habilidade de tomar rápidas e boas decisões, mais tarefas poderá realizar. Quanto mais tempo você investir em atitudes práticas e ações, em vez de ficar horas deliberando sobre o que fazer, mais enérgico se sentirá. Dê início ao círculo virtuoso do poder da decisão. Uma vez engrenado, o céu é o limite!

ÍNDICE

BIBLIOGRAFIA COMPLEMENTAR

Escrever um livro sobre técnicas de "bem-pensar" é uma tarefa que não poderia ser realizada sem o trabalho prévio de incontáveis pensadores e estudiosos, sobretudo os psicólogos pioneiros em investigações sobre processos de decisão (a maior parte do que sabemos sobre o cérebro foi descoberta apenas nas duas últimas décadas). Dessa forma, baseamos o livro no trabalho de muitos autores para transformar o "bem-pensar" em ação efetiva. Se quiser aprofundar as questões abordadas aqui, consulte alguns dos títulos a seguir.

BRANDEN, Nathaniel *Autoestima e os seus seis pilares.* Editora Saraiva, 2000

CLAXTON, Guy *Hare Brain, Tortoise Mind* [Cérebro de lebre, mente de tartaruga], Fourth Estate, 1998

EYSENCK, Hans and WILSON, Glenn *Conheça sua própria personalidade.* Nova Época, n/d

GLADWELL, Malcolm *Blink – a decisão num piscar de olhos.* Rocco, 2005

GOLDSMITH, Stuart *Seven Secrets of Millionaires* [Sete segredos de milionários], Medina Publishing, 2001

KOCH, Richard *As leis do poder – a ciência do sucesso.* Rocco, 2003

SCHWARTZ, Barry *O paradoxo da escolha.* A Girafa, 2007

WENGER, Win *The Einstein Factor* [O fator Einstein], Prima Publishing, 1996

SITES DOS AUTORES

Para mais informações sobre os autores, visite a página www.DarrenBridger.net e www.DrDavidLewis.co.uk

AGRADECIMENTOS

Agradecemos muito aos nossos colegas do projeto The Mind Lab [O laboratório da mente], em particular a Dan Jones, Steven Matthews e Hanne Peasgood. Somos gratos também a Roger, Lynda e Lucy Bridger, Graeme McKeown, Megan, Soffie e Kyrie. Estendemos nossa gratidão a Katie John e Bob Saxton, por seu incrível trabalho de dar forma final a este livro, e a Clare Thorpe, pelo lindo design. Finalmente, agradecemos em especial a nossa incrível editora, Caroline Ball, não só pela trabalhosa tarefa de editar todo o material, mas também por checar a lógica de muitas partes do livro.